D1619308

Die Schriften des Johannes

1 Das Evangelium

Manfred Krüger

Die Schriften des Johannes

Band 1

Das Evangelium

Übersetzt und kommentiert
von Manfred Krüger

Verlag Freies Geistesleben

1. Auflage 2011

Verlag Freies Geistesleben
Landhausstraße 82, 70190 Stuttgart
Internet: www.geistesleben.com

ISBN 978-3-7725-1641-2

Copyright © 2011 Verlag Freies Geistesleben
& Urachhaus GmbH, Stuttgart
Druck: Freiburger Graphische Betriebe
Printed in Germany

Inhalt

Das Evangelium

1 11
Prolog

1. Teil
Zeichentaten

Der Anfang im Erdenwirken des Logos 13
    Das Zeugnis Johannes des Täufers / Von der Wassertaufe zur Geisttaufe / Die ersten Jünger / Nathanael

2 18
Das erste Zeichen: Beim Hochzeitsfest zu Kana
Ostertage in Jerusalem
    Die Tempelreinigung

3 21
    Das Gespräch mit Nikodemus / Meditation

Die Wanderung durch Judäa und Samaria
    In Judäa: Das letzte Zeugnis Johannes des Täufers / Meditation

4 26
    Das Gespräch mit der Samariterin
In Galiläa
    Das zweite Zeichen: Die Fernheilung des fieberkranken Knaben

5 34
Ein Fest in Jerusalem
    Das dritte Zeichen: Die Heilung des Gelähmten am Teich Bethesda / Die Rede über das Wirken des Sohnes, des Gottgesandten

6 40
Ostertage am See Genezareth
Das vierte Zeichen: Die Speisung der Fünftausend /
Das fünfte Zeichen: Christus erscheint den Jüngern
auf dem See / Die Rede zu Kafarnaum: *Ich bin das
Brot des Lebens* / Zwiespalt unter den Jüngern /
Das Bekenntnis des Petrus

7 49
Die Reden auf dem Laubhüttenfest und danach
Jesus und seine Brüder / Unerkannt geht Jesus
zum Fest / Jesus lehrt im Tempel / «Man wollte
ihn ergreifen»

8 56
Christus und die Ehebrecherin / *Ich bin das Licht
der Welt* / Vorblick auf die Erhöhung des Menschensohnes / Die Freiheit durch den Sohn / Kinder
Abrahams, Gottes und des Teufels

9 64
Das sechste Zeichen: Die Heilung des Blindgeborenen

10 69
Hirt und Herde
Ich bin die Tür / *Ich bin der gute Hirte*

Die Rede auf dem Tempelweihefest und
Rückzug jenseits des Jordans 72

11 75
Das siebente Zeichen: Die Auferweckung des Lazarus
Ich bin die Auferstehung und das Leben

12 82
Vor dem letzten Osterfest
  Die Salbung in Bethanien / Der messianische Einzug
  in Jerusalem / Die Rede über Licht und Finsternis

2. Teil
Passion und Auferstehung

13 89
Das letzte Abendmahl
  Die Fußwaschung / Die Bezeichnung des Verräters

Die Abschiedsreden 93
  Das Gebot der Liebe / Die Ankündigung von
  Petri Verleugnung

14 94
  Viele Wohnungen / Der Weg zum Vater: *Ich bin
  Der Weg, die Wahrheit und das Leben* / Vater und
  Sohn / Der Geist der Wahrheit als anderer Helfer /
  Liebe und Offenbarung Christi / Die Erinnerung
  des Geistes / Frieden im Abschied

15 99
  Weinstock und Reben: *Ich bin der wahre Weinstock* /
  Freundschaft und Liebe / Der Hass der Welt /
  Der bezeugende Geist

16 103
  Der Geist der Unterscheidung / Der prophetische
  Geist der Verklärung / Fragen der Jünger / Wahre
  Freude / Nicht mehr in Bildern

17 108
Das Gebet des Lichtes und der Liebe

18 112
Die Passion
    Die Gefangennahme / Jesus vor Hannas und Kaiphas,
    Petri Verleugnung / Vor Pilatus

19 118
    Geißelung und Dornenkrönung / Ecce homo /
    Das Urteil / Die Kreuzigung / Die Grablegung

20 125
Ostern: Die Auferstehung
    Ostermorgen: Das leere Grab / Maria Magdalena
    schaut den Auferstandenen / Der Auferstandene
    erscheint den Jüngern / Thomas – Der wahre Glaube

21 130
Epilog
    Am See von Tiberias / Das Morgenmahl /
    Petrus und der Jünger, den Jesus liebte

KOMMENTAR 135

Literaturverzeichnis 241
Abkürzungen 255

Gedacht werden will ich,
der ich ganz Denken bin.
Hymnus Christi

Die Liebe ist die Quelle aller Gewissheit
und aller Wahrheit und aller Realität.
J. G. Fichte, 1806

Albrecht Dürer: Kopf des Johannes, Nürnberg 1526. Ausschnitt aus «Die vier Apostel», München: Alte Pinakothek.

I.

Prolog

1 *Im Anfang war das Wort*
   das Wort bei Gott:
   Gott war das Wort.
2 *Es war bei Gott im Anfang;*
3 *und alles ist aus ihm geworden.*
   Und ohne Wort ist nichts geworden;
4 *und im Gewordenen war Leben.*
   Das Leben war das Licht der Menschen.
5 *Das Licht scheint in der Finsternis:*
   Die Finsternis hat's nicht erfasst.

6 Ein Mensch trat auf, gesandt von Gott;
   sein Name war Johannes.
7 Er kam als Zeuge:
   vom Licht zu zeugen
   als Weg zum Glauben.
8 Er selbst war nicht das Licht:
   Er kam, vom Licht zu zeugen.
9 Das wahre Licht kam in die Welt,
   um jeden Menschen zu erleuchten.

10 Er war in dieser Welt:
   durch Ihn ist sie geworden;
   doch hat die Welt ihn nicht erkannt.
11 Er kam ins Eigene. Die Seinen
   wiesen ihn ab.
12 Doch die ihm Wohnung gaben: Er
   gab ihnen Kraft in ihrem Wesen,

zu werden Kinder Gottes, die
an seinen Namen glauben.

13 Er ward gezeugt
nicht aus dem Blut,
nicht aus dem Fleisch,
vielmehr aus Gott.
14 *Das Wort ward Fleisch
und wohnte unter uns.*
Wir sahen
die Offenbarung seines Selbst,
den Glanz des Eingeborenen vom Vater,
voll Anmut
und Wahrheit.

15 Johannes ruft bezeugend:
Er!
Von Ihm hab ich gesprochen:
Der nach mir kommt, ist mir voraus,
denn er war eher
als ich.
16 Aus seiner Fülle haben wir
empfangen jene Gnade,
die überfließt.
17 Durch Mose wurde das Gesetz gegeben,
durch Jesus Christus
Anmut und Wahrheit.

18 Niemand hat jemals Gott gesehn.
Der eingeborene
Gott,
der Seiende, im väterlichen Herzen,
er brachte Kunde.

Kapitel 1

1. Teil
ZEICHENTATEN

Der Anfang im Erdenwirken des Logos

Das Zeugnis Johannes des Täufers

19 Dies ist das Zeugnis des Johannes,
als in Jerusalem die Juden
zu ihm Leviten sandten
und Priester mit der Frage: Du,
20 wer bist du? da bekannte
Johannes,
leugnete nicht und sagte:
Ich bin nicht der Messias.
21 Sie fragten ihn: Wer dann?
Bist du Elias?
Ich bin es nicht.
So bist du der Prophet?
Er sagte: Nein.
22 Da sprachen sie zu ihm: Wer bist du?
Damit wir jenen Antwort geben,
die uns gesandt:
Was sagst du über
dich selbst?
23 Er sprach:
«Ich bin
die Stimme eines Rufers in der Wüste.
Richtet den Weg des Herrn.»
So sprach Jesaja.
24 Und weiter fragten jene,
die von den Pharisäern kamen:

25 Sag, warum taufst du,
   wenn du nicht der Messias bist
   und nicht Elias,
   nicht der Prophet?
26 Johannes
   antwortete und sprach:
   Ich taufe nur im Wasser.
   Doch mitten unter euch steht Er,
   den ihr nicht kennt,
27 der nach mir kommt.
   Ich bin nicht würdig, ihm zu lösen
   die Riemen seiner Schuhe.
28 Dies war geschehen zu Bethanien,
   jenseits des Jordans, wo Johannes taufte.

Von der Wassertaufe zur Geisttaufe

29 Am folgenden Tag sah er,
   wie Jesus auf ihn zukam.
   Da sprach er: *Siehe, Gottes Lamm,*
   das diese Welt von Schuld entlastet. Er,
30 er ist,
   von dem ich euch gesagt:
   Nach mir kommt einer,
   der mir voraus, denn er war eher
   als ich. Und ich erkannte
31 ihn nicht.
   Ich kam, zu taufen,
   mit Wasser,
   damit er Israel geoffenbart soll werden.

32 Johannes
   bezeugte, und er sprach:
   Ich sah den Geist: Gleich einer Taube
   kam er herab vom Himmel
   und blieb auf Ihm.
33 Und ich erkannte
   ihn nicht.
   Der mich gesandt, mit Wasser
   zu taufen, sprach zu mir:
   Auf wen der Geist herniedersteigt
   und bleibt auf Ihm:
   wenn du ihn schaust – *Er ist,*
   der mit dem Heiligen Geist
   tauft.
34 Ich habe Ihn gesehen,
   und ich bezeuge: Dieser Mensch
   ist Gottes Sohn.

Die ersten Jünger

35 Am nächsten Tag, da war Johannes wieder
   am gleichen Ort, und zwei von seinen Jüngern;
36 und als er Jesus
   vorübergehen sah,
   da sprach er: *Siehe, Gottes Lamm!*

37 Die beiden Jünger hörten
   das Wort
   und folgten Jesus.
38 Jesus jedoch wandte sich um;
   er sah sie kommen,
   und sprach sie an:

Was sucht ihr?
Sie aber sagten: Meister, wo
bist du zuhause?
39 Er sagte: Kommt und seht!
Sie kamen, und sie sahen, wo er hauste,
und blieben bei ihm diesen Tag.
Es war die zehnte Stunde.
40 Andreas, Bruder
des Simon Petrus,
war einer von den beiden Jüngern,
die nach dem Wort des Täufers Jesus folgten:
41 Er ging sogleich zu seinem Bruder Simon
und sprach zu ihm:
Wir haben den Messias
gefunden, den Gesalbten.
42 Er führte ihn zu Jesus.
Jesus schaute ihn an und sagte: Du
bist Simon, des Johannes Sohn, und du
sollst Kephas heißen: Fels.

43 Am nächsten Tag wollte er fort
nach Galiläa ziehn und fand Philippus.
Und Jesus sagte: Folge mir!
44 Philippus stammte
aus Bethsaida,
der Stadt, aus der Andreas
und Petrus kamen.

Nathanael

45 Philippus traf Nathanael und sprach:
Wir haben ihn gefunden, Ihn,

von dem einst Moses im Gesetz geschrieben,
und so auch die Propheten: Jesus
aus Nazareth, den Sohn des Joseph.
46 Nathanael antwortete:
Kann Gutes kommen
aus Nazareth?
Philippus sagte: Komm und sieh!

47 Und Jesus sah Nathanael.
Er sah ihn kommen
und sagte über ihn:
Das ist ein echter
Israelit:
kein Falsch ist in ihm.
48 Nathanael sagte zu ihm:
Von woher kennst du mich?
Jesus antwortete und sprach:
Bevor dich noch Philippus rief,
sah ich dich unterm Feigenbaum.
49 Nathanael erwiderte:
Du, Meister, du bist Gottes Sohn,
König von Israel.
50 Und Jesus sagte:
Du glaubst, nur weil ich zu dir sprach,
ich sah dich unterm Feigenbaum?
Noch Größer's wirst du schauen.
51 Dann sagte er zu ihm:
Wahr ist das Wort:
Ihr sollt den Himmel offen sehen
und Gottes Engel auf- und niedersteigen
über dem Menschensohn.

2.

Das erste Zeichen:
Beim Hochzeitsfest zu Kana

1 Am dritten Tag war eine Hochzeit,
  zu Kana,
  in Galiläa.
  Da war die Mutter Jesu;
2 auch Jesus selbst und seine Jünger waren
  zum Fest geladen.
3 Und als der Wein ausging,
  sagte zu ihm die Mutter:
  Es fehlt an Wein.
4 Darauf sprach Jesus: Frau,
  was ist es, das uns beide
  verbindet? Noch
  ist meine Stunde nicht gekommen.
5 Und zu den Dienern sprach die Mutter: Tut,
  was er euch sagt!
6 Es standen da: sechs Wasserkrüge
  aus Stein, zur Reinigung,
  wie es der Juden Brauch.
  Ein jeder fasste zwei bis drei Metreten.
7 Und Jesus sagte: Füllt
  mit Wasser diese Krüge!
  Sie füllten sie bis oben an.
8 Und weiter sagte er zu ihnen:
  Schöpft nun und bringt's dem Haushofmeister.
  Sie brachten es.
9 Als nun der Haushofmeister von dem Wasser
  gekostet hatte,

war es zu Wein geworden, und
er wusste nicht,
woher der Wein gekommen war.
Die Diener wussten es, die jenes Wasser
geschöpft.
Da rief der Haushofmeister
10 den Bräutigam und sprach zu ihm:
Ein Jeder reicht zuerst den guten Wein,
und wenn sie dann betrunken sind,
den minderen; du aber hast
den guten Wein bis jetzt bewahrt.
11 Dies wirkte Jesus als Beginn der Zeichen
zu Kana
im Lande Galiläa.
Die Strahlkraft seines Geistes kam in Ihm
zur Offenbarung,
und seine Jünger glaubten
an Ihn.
12 Danach ging er hinab
zur Stadt Kafarnaum,
er selbst und seine Mutter, seine Brüder
und seine Jünger.
Doch blieben sie nicht lange.

Ostertage in Jerusalem

13 Und nahe war das Passahfest der Juden
Hinauf ging Jesus: nach Jerusalem.

Die Tempelreinigung

14 Im Tempel fand er Händler
mit Rindern, Schafen, Tauben.
Geldwechsler saßen da.
15 Er aber hatte eine Geißel
gemacht aus Binsen
und trieb sie alle aus dem Tempel,
die Schafe und die Rinder.
Das Geld der Wechsler schüttete er aus,
und ihre Tische warf er um.
16 Den Taubenhändlern sagte er:
Hinweg damit!
Macht mir nicht meines Vaters Haus
zum Kaufhaus.
17 Doch seine Jünger
gedachten, dass geschrieben steht:
«Der Eifer um dein Haus wird mich verzehren.»
18 Da gab es ein Gerede bei den Juden.
Sie sagten
zu ihm: Ein Zeichen zeig uns,
das so zu handeln dir erlaubt.
19 Jesus antwortete und sprach zu ihnen:

*Brecht ab den Tempel – in drei Tagen
will ich ihn auferbauen.*

20 Und es entgegneten die Juden:
Schon sechsundvierzig Jahre wird
an diesem Heiligtum gebaut
und du,
du willst ihn in drei Tagen
errichten?

21 Er aber sprach vom Tempel seines Leibes.
22 Nach seiner Auferstehung von den Toten,
    erinnerten sich seine Jünger
    an diese Worte, und sie glaubten
    der Schrift und jenem Wort,
    das Jesus
    gesprochen hatte.
23 Als er dann in Jerusalem
    zum Passahfest erschien,
    da war sein Name weit bekannt:
    Man sah ja seine Zeichentaten.
24 Er selbst indessen, Jesus,
    verschwieg sein wahres Wesen.
    Er kannte sie
25 und wollte nicht, dass jemand
    den Menschen
    bezeugte.
    Er kannte sie, die Menschen,
    von innen.

3.

Das Gespräch mit Nikodemus

1 Es war ein Mensch, ein Pharisäer,
   mit Namen Nikodemus,
   ein Oberer unter den Juden.
2 Der kam zu Jesus bei der Nacht und sprach:
   Meister, wir wissen,
   du bist als Lehrer
   von Gott gekommen; niemand

> tut solche Zeichen,
> wenn nicht der Gott mit ihm.
3 Jesus antwortete und sagte ihm:
> Wahr ist das Wort:
> Wer nicht von Neuem
> geboren wird,
> kann Gottes Reich nicht schauen.
4 Und Nikodemus sprach:
> Wie kann ein Mensch, ein Greis,
> wieder geboren werden?
> Kommt er zur Neugeburt
> ein zweites Mal in seiner Mutter Leib?
5 Jesus antwortete:
> Wahr ist das Wort:
> Wer nicht aus Wasser
> und Geist geboren wird,
> kommt nicht in Gottes Reich.
6 Das Fleischgeborene ist Fleisch,
> das Geistgeborene ist Geist.
7 Wundre dich nicht, wenn ich dir sage:
> Ihr müsst von Neuem,
> von oben her geboren werden.
8 Der Wind weht, wo er will, sein Wehen hörst du.
> Doch weißt du nicht,
> woher er kommt, wohin er geht.
> So ist es mit dem Geistgeborenen.
9 Und Nikodemus
> antwortete und fragte ihn:
> Wie sollte dies geschehen?
10 Und Jesus sprach:
> Du bist ein Lehrer Israels,
> und du verstehst dies nicht?
11 Wahr ist das Wort:

Wir sagen, was wir wissen, und bezeugen,
was wir gesehen haben;
und doch nehmt ihr das Zeugnis
nicht an.
12 Wenn ich von Erden-Dingen rede
und ihr nicht glaubt:
Wie könnt ihr glauben,
wenn ich vom Himmel rede

Meditation

13 Niemand stieg auf zum Himmel,
wenn nicht der aus dem Himmel
herniederstieg: der Menschensohn.
14 Und wie einst Moses in der Wüste
die Schlange
erhöhte,
so wird der Menschensohn erhöht,
15 damit, wer glaubt, in Ihm
das ewige Leben
lebt.

16 Also hat Gott die Welt geliebt,
dass er den Eingeborenen, den Sohn,
hingab, damit auch niemand,
der an ihn glaubt, verloren geht, vielmehr
das ewige Leben
lebt.
17 Denn Gott hat seinen Sohn
nicht in die Welt gesandt, damit er richte,
vielmehr, damit die Welt
durch ihn gerettet werde.

18 Wer an ihn glaubt, wird nicht gerichtet.
   Wer aber nicht glaubt, ist gerichtet,
   weil er nicht an den Namen
   von Gottes eingeborenem Sohn
   glaubt.

19 Nun das Gericht:
   Das Licht kam in die Welt,
   die Menschen aber liebten
   die Finsternis mehr als das Licht;
   denn ihre Werke waren böse.
20 Wer Böses tut, der hasst das Licht; er meidet
   das Licht, auf dass die Tat
   nicht ruchbar werde.

21 Wer aus der Wahrheit handelt, tritt ins Licht,
   damit die Werke als in Gott getan
   sich zeigen.

Die Wanderung durch Judäa und Samaria

In Judäa: Das letzte Zeugnis Johannes des Täufers

22 Danach kam Jesus mit den Jüngern
   ins Land Judäa.
   Dort blieb er, um mit ihnen
   zu taufen.
23 Und da war auch Johannes
   und taufte an den Quellen nahe Salem:
   Zahlreich sind die Gewässer dort.
   Und viele kamen um der Taufe willen.
24 Noch war Johannes nicht gefangen.

25 Doch es entstand ein Streit
zwischen den Jüngern des Johannes
und einem Juden
wegen der Reinigung.
26 Sie gingen zu Johannes
und sagten: Meister, er,
den du bezeugst,
der bei dir war, jenseits des Jordans,
er tauft, und alle kommen zu ihm.
27 Johannes antwortete und sprach:
Nichts kann der Mensch sich nehmen,
wenn es ihm nicht vom Himmel kommt.
Gesprochen habe ich,
28 und ihr seid meine Zeugen:
Der Christus bin ich nicht,
doch vor ihm hergesandt.
29 Die Braut gehört dem Bräutigam.
Es hört der Freund des Bräutigams
mit gnadenreicher Freude
den Ruf des Bräutigams.
Die Herzensfreude
ist nun erfüllt.
30 Er
muss wachsen,
ich aber nehme ab.

Meditation

31 Er, der von oben kommt, ist über allen.
Wer in der Erde wurzelt,
ist von der Erde,

spricht auch nur irdisch. Er,
der aus dem Himmel kommt, ist über allen.
32 Was er dort sah und hörte,
bezeugt er – und sein Zeugnis wird verworfen.
33 Doch wer das Zeugnis angenommen hat,
besiegelt,
dass Gott wahrhaftig ist.
34 Er,
von Gott gesandt, Er spricht
die Worte Gottes;
denn ohne Maß gibt Gott den Geist.
35 Der Vater liebt den Sohn, und alles
hat er in seine Hand gegeben.
36 Wer an den Sohn glaubt, hat
das ewige Leben.
Doch wer dem Sohn nicht folgt,
der wird das Leben
nicht sehen;
und auf ihm bleibet Gottes Zorn.

4.

Das Gespräch mit der Samariterin am Jakobsbrunnen

1 Den Pharisäern kam zu Ohren, Jesus
bekäme noch mehr Jünger, und er taufe
mehr als Johannes. –
2 Doch Jesus taufte gar nicht selbst:
Die Jünger tauften. –

3   Als Jesus dies gewahrte,
    zog er aus Juda
4   wieder nach Galiläa. Und sein Weg
    führte ihn durch Samarien
5   zu einer Stadt mit Namen Sychar, nahe
    dem Land, das Jakob seinem Sohn
    Joseph gegeben hatte.
6   Dort war der Jakobsbrunnen.
    Jesus war müde von der Reise
    und setzte sich an diesen Brunnen.
    Es war die Mittagsstunde.

7   Da kam, um Wasser
    zu schöpfen, eine Samariterin.
    Und Jesus sprach zu ihr:
    Gib mir zu trinken. –
8   Die Jünger waren in die Stadt gegangen,
    Nahrung zu kaufen. –
9   Da antwortete die Frau
    aus jenem Land Samaria:
    Wie kannst du, Jude, mich,
    die Samariterin, um Wasser bitten?
    Juden verkehren nicht mit Samaritern.
10 Jesus antwortete und sprach:
    Wenn du die Gabe Gottes kennen würdest
    und wer der ist, der zu dir spricht:
    gib mir zu trinken,
    du hättest ihn gebeten,
    und er,
    er hätte dir gegeben lebend Wasser.
11 Da sagte zu ihm jene Frau:
    Herr, du hast kein Gefäß, und dieser Brunnen
    ist tief; woher nimmst du

lebendes Wasser?
12 bist du denn größer
als unser Vater Jakob,
der uns den Brunnen gab?
Er hat aus ihm getrunken, er
und seine Söhne und sein Vieh.
13 Jesus antwortete und sprach zu ihr:
Wer trinkt von diesem Wasser,
den wird doch immer wieder dürsten.
14 Wer aber von dem Wasser trinkt,
das ich ihm gebe,
den wird in Ewigkeit nicht dürsten;
denn jenes Wasser,
das ich ihm geben werde,
wird ihm zum Quell,
der sich ins ewige Leben
ergießt.
15 Die Frau sagte zu ihm:
So gib mir dieses Wasser,
damit ich nie mehr dürste und
nicht wiederkommen muss, hieraus zu schöpfen.
16 Er sprach zu ihr:
Geh' hin! Ruf' deinen Mann und komme wieder!
17 Die Frau antwortete und sagte ihm:
Ich habe keinen Mann.
Und Jesus sprach zu ihr:
Das hast du schön gesagt:
Ich habe keinen Mann.
18 Fünf Männer hattest du;
und der, den du jetzt hast, ist nicht dein Mann.
Wahr
hast du gesprochen.

Kapitel 4

19 Die Frau sagte zu ihm:
    O Herr, ich sehe, du
    bist ein Prophet.
20 Gott haben unsre Väter angebetet
    auf diesem Berg;
    ihr aber sagt, es sei Jerusalem
    der Ort, Gott anzubeten.
21 Und Jesus sprach zu ihr:
    Frau, glaube mir, es kommt die Stunde,
    wo ihr den Vater nicht auf diesem Berg
    und auch nicht in Jerusalem
    anbeten werdet!
22 Ihr betet an, den ihr nicht kennt.
    Den wir anbeten, kennen wir:
    Das Heil kommt aus den Juden.
23 Doch kommt die Stunde, und sie ist schon da,
    in der die wahren Beter
    zum Vater sich erheben werden
    im Geist und in der Wahrheit.
    Menschen,
    die so ihn suchen, sucht der Vater.
24 Denn Gott ist Geist,
    verehren soll man ihn
    im Geist und in der Wahrheit.
25 Die Frau sagte zu ihm:
    Ich weiß, dass der Messias kommt,
    den man den Christus nennt;
    wenn er denn kommt, wird er uns alles
    verkünden.
26 Und Jesus sprach zu ihr:
    Ich bin,
    der mit dir spricht.

27 Und unterdessen waren seine Jünger zurückgekommen,
erstaunt,
ihn im Gespräch mit einer Frau zu sehn.
Es sagte aber niemand:
Was suchst du? oder:
Was redest du mit ihr?
28 Die Frau ließ ihren Wasserkrug nun stehn,
ging in die Stadt
29 und sagte zu den Leuten: Kommt!
Seht einen Menschen,
der alles mir gesagt, was ich getan;
es ist vielleicht der Christus?
30 Sie gingen aus der Stadt und kamen
zu Ihm.

31 Inzwischen baten ihn die Jünger
und sagten: Meister, iss!
32 Er aber sprach zu ihnen:
Ich habe eine Speise,
die ihr nicht kennt.
33 Da redeten die Jünger unter sich:
Gab jemand ihm zu essen?
34 Und Jesus sagte: Meine Speise ist,
dass ich den Willen dessen tue,
der mich gesandt, und ich vollende
sein Werk.
35 Sagt ihr denn nicht: Es sind noch bis zur Ernte
vier Monde?
Siehe, ich sage euch:
Erhebet eure Augen, schaut
weit über diese Felder:
Sie schimmern ernteeif.

36 Schon hat der Schnitter seinen Lohn.
   Er sammelt Frucht
   zum Leben in der Ewigkeit,
   damit sie sich gemeinsam freuen:
   wer sät und wer dann erntet.
37 Denn wahr ist jenes Wort:
   Der eine sät, der andre erntet.
38 Ich habe euch gesandt, zu ernten,
   was ihr nicht mühevoll errungen.
   Die Arbeit hatten andere, und Mühe.
   Ihr aber folget nach.

39 Groß war die Zahl der Samariter
   aus jener Stadt, die sich zu ihm bekannten,
   des Wortes wegen, das die Frau bezeugte:
   Und alles hat er mir gesagt, was ich getan.
40 Als nun die Samariter zu ihm kamen,
   baten sie ihn, zu bleiben; und er blieb
   zwei Tage.
41 Um seines Wortes willen kamen
   zum Glauben jetzt noch viele Menschen.
42 Sie sagten zu der Frau: Wir glauben
   nicht mehr um deiner Worte willen; haben
   wir ihn doch selbst gehört und wissen:
   wahrhaftig, Er,
   er ist der Retter
   der Welt.

In Galiläa

43 Nach den zwei Tagen zog er weiter
   nach Galiläa; denn Er selbst,

44 Jesus, bezeugte,
   dass der Prophet in seinem Vaterland nichts gilt.
45 Und als er nun nach Galiläa
   gekommen war,
   da nahmen ihn die Galiläer auf,
   weil sie mit angesehen hatten,
   was er am Festtag in Jerusalem
   bewirkt. Auch sie
   waren beim Fest gewesen.

**Das zweite Zeichen:
Die Fernheilung des fieberkranken Knaben**

46 Und wieder kam er in die Stadt
   Kana in Galiläa,
   wo er das Wasser
   zu Wein gemacht.
   Und zu Kafarnaum,
   lebte ein Mann des Königs, dessen Sohn
   war krank.
47 Als dieser Kunde hatte, Jesus
   sei von Judäa her nun wieder
   in Galiläa,
   da ging er hin zu ihm und bat,
   er möge kommen, seinen Sohn
   zu heilen; denn er lag im Sterben.
48 Da sagte Jesus ihm:
   Wenn ihr nicht Zeichen
   und Wunder seht, so glaubt ihr nicht.
49 Und es erwiderte der Mann des Königs:
   Herr, komm herab, bevor mein Kind
   stirbt.

50 Und Jesus spricht zu ihm:
   So gehe hin! Dein Sohn
   lebt.
   Der Mann glaubte dem Wort, das Jesus
   zu ihm gesagt, und ging.

51 Und während er hinunter eilte, kamen
   ihm seine Knechte schon entgegen
   und sagten ihm, sein Sohn
   lebe.
52 Und da erfragte er von ihnen
   die Stunde
   der Besserung. Sie sprachen: Gestern,
   wohl eine Stunde
   nach Mittag nahm das Fieber ab.
53 Da wusste nun der Vater:
   Es war die Stunde,
   in der Jesus zu ihm gesagt:
   Dein Sohn
   lebt.
   Er glaubte und mit ihm sein ganzes Haus.
54 Dies war das zweite Zeichen Jesu,
   als er von Juda
   nach Galiläa kam.

5.

Ein Fest in Jerusalem

Das dritte Zeichen: Die Heilung des Gelähmten am Teich Bethesda

1 Danach gab es ein Fest der Juden,
 und Jesus
 zog nach Jerusalem hinauf.
2 Am Schaftor gibt es einen Teich,
 der auf Hebräisch
 Bethesda heißt: Haus der Barmherzigkeit.
 An ihm stehen fünf Hallen.
3 Darin lagen die Kranken:
 Blinde, Lahme, Ausgezehrte.
 (Sie warteten darauf, dass sich das Wasser bewege.
4 Ein Engel Gottes stieg von Zeit zu Zeit
 in diesen Teich
 und ließ das Wasser wallen.
 Wer dann als Erster in das Wasser stieg,
 wurde gesund.)

5 Und da war auch ein Mensch:
 krank – achtunddreißig Jahre!
6 Als Jesus diesen liegen sah
 und dann erfuhr, dass er so lange schon
 daniederlag, sprach er zu ihm:
 Willst du gesunden?
7 Der Kranke antwortete: Herr,
 ich habe keinen Menschen, der mich trägt

zum Teich, wenn sich das Wasser
bewegt. Und immer wenn ich gehen will,
steigt vor mir schon ein anderer hinab.

8 Da sagte Jesus ihm:
Steh auf,
und nimm dein Bett
und wandle.

9 Sogleich wurde der Mensch gesund.
Er nahm sein Bett und ging umher.
An jenem Tag war aber Sabbat.

10 Da wandten sich die Juden
an den Geheilten: Sabbat ist,
und nicht erlaubt, das Bett zu tragen.

11 Er aber gab zur Antwort:
Der mich gesund gemacht,
der sagte: Nimm dein Bett
und wandle!

12 Sie fragten ihn: Wer ist der Mensch,
der zu dir sagte: Nimm dein Bett und wandle?

13 Er wusste nicht, wer ihn geheilt.
Und Jesus war davongegangen,
wegen der vielen Menschen.

14 Danach fand Jesus ihn im Tempel
und sprach zu ihm:
Bedenke wohl:
Du bist gesund geworden,
so sündige nicht mehr,
dass dir nicht Schlimmeres geschieht.

15 Da ging der Mensch
und sagte zu den Juden: Jesus ist;
er machte mich gesund.

16 Die Juden
verfolgten Jesus, weil er dies
an einem Sabbat tat.
17 Und Jesus sprach zu ihnen:
Bis heute wirkt mein Vater
und wirke ich.
18 Und das bewog die Juden,
danach zu trachten, ihn zu töten:
weil er nicht nur die Sabbatruhe
verneinte, sondern
Gott seinen Vater nannte, und
sich selbst
Gott gleich.

Die Rede über das Wirken des Sohnes, des Gottgesandten

19 Jesus antwortete und sagte ihnen:
Wahr ist das Wort:
Nichts
kann aus sich selbst der Sohn,
wenn er nicht sieht, dass es der Vater tut.
Was jener wirkt, wirkt gleichermaßen
der Sohn.
20 Der Vater liebt den Sohn,
er zeigt ihm alles, was er selbst vollbringt,
und größere Werke noch als diese
wird er ihm zeigen –
euch wird es wundern.
21 Gleich wie der Vater
die Toten auferweckt, lebendig macht,
so auch der Sohn:

Er macht lebendig, wen er will.
22 Der Vater richtet keinen,
   denn das Gericht
   hat er dem Sohn gegeben,
23 auf dass sie alle ehren
   den Sohn, wie sie den Vater ehren.
   Wer nicht die Anerkennung gibt dem Sohn,
   versagt sie auch dem Vater,
   der ihn gesandt.

24 Wahr ist das Wort:
   Wer meine Rede hört
   und glaubt an den, der mich gesandt,
   hat ew'ges Leben und wird nicht gerichtet:
   Gewandelt ist er
   vom Tod ins Leben.

25 Wahr ist das Wort:
   Es kommt die Stunde, und sie ist schon da,
   in der die Toten seine Stimme hören,
   die Stimme
   des Sohnes Gottes.
   Und wer sie hört, wird leben.
26 Denn wie der Vater in sich selbst
   das Leben hat,
   so hat er auch dem Sohn gegeben, Leben
   zu haben in sich selbst,
27 und Wesenskraft, Gericht zu halten,
   weil er der Sohn des Menschen ist.
28 Wundert euch nicht:
   Es kommt die Stunde,
   in der die Toten seine Stimme hören;
29 sie werden aus den Gräbern steigen,

      die Gutes taten,
      zur Auferstehung in das Leben;
      die aber Böses taten,
      zur Auferstehung ins Gericht.
30 Nichts kann ich wirken aus mir selbst;
      ich richte, wie ich höre,
      und das Gericht wird sein gerecht,
      weil ich nicht meinem Willen folge,
      vielmehr dem Willen dessen,
      der mich gesandt.

31 Wenn ich nur zeuge für mich selbst,
      dann hat mein Zeugnis keine Wahrheit.
32 Ein anderer gibt Zeugnis über mich.
      Ich aber weiß:
      das Zeugnis, das er ablegt über mich,
      ist wahr.
33 Ja, zu Johannes
      habt ihr gesandt: er hat die Wahrheit
34 bezeugt; ich aber nehme
      von keinem Menschen Zeugnis an.
      Dies sage ich
      im Blick auf eure Rettung.
35 Er war der Leuchter, brannte, schien:
      Nur eine Weile wart ihr froh
      in seinem Licht. Doch mehr,
36 mehr als das Zeugnis des Johannes gilt,
      dass ich mich selbst bezeuge in den Werken,
      mit denen ich des Vaters Werk vollende.
      Und meine Werke
      bezeugen, dass der Vater mich gesandt.

37 Der mich gesandt, der Vater,
   hat mich bezeugt.
   Nie habt ihr seine Stimme
   gehört, niemals gesehen die Gestalt.
38 Sein Wort bleibt nicht in euch,
   weil ihr nicht glaubt an Ihn, den er gesandt.
39 Ihr meint, der Zeitenkreise ewig' Leben
   zu finden in den Schriften. Ja,
   sie geben Zeugnis
   von mir.
40 Doch kommt ihr nicht zu mir,
   das Leben zu empfangen.

41 Der Menschen Ehre nehme ich nicht an.
42 Ich habe euch erkannt:
   Liebe zu Gott ist nicht in euch.
43 Ich bin gekommen
   im Namen meines Vaters,
   und ihr nehmt mich nicht an.
   Wenn dann ein andrer kommt,
   im Namen seiner selbst,
   den nehmt ihr an.
44 Wie könnt ihr glauben,
   wenn ihr euch gegenseitig ehrt,
   und nicht die Ehre sucht
   von Gott, dem Einen?

45 Ihr sollt nicht meinen, ich verklagte euch
   beim Vater. Ankläger
   ist Moses, eure Hoffnung.
46 Wenn ihr an Moses wirklich glaubt,
   dann glaubtet ihr auch mir;
   denn er hat über mich geschrieben.

47 Und wenn ihr seinen Schriften
   nicht glaubt,
   wie wollt ihr meinen Worten glauben?

6.

Ostertage am See Genezareth

Das vierte Zeichen:
Die Speisung der Fünftausend

1 Danach begab sich Jesus
  ans jenseitige Ufer
  des Sees von Galiläa,
  anders genannt See von Tiberias.
2 Groß war die Menge, die ihm folgte:
  Die Zeichen hatten sie gesehn,
  die er an Kranken wirkte.
3 Er aber stieg auf einen Berg
  und setzte sich mit seinen Jüngern.
4 Das Passahfest der Juden stand bevor.

5 Jesus hob seine Augen auf und sah
  die vielen Menschen zu ihm kommen
  und sprach dann zu Philippus:
  Woher besorgen wir das Brot,
  damit sie alle
  gesättigt werden?
6 So sprach er, ihn zu prüfen. Denn er selbst,
  Er wusste, was geschehen sollte.
7 Philippus gab zur Antwort: Brote
  für zweihundert Denare reichen nicht,

wenn jeder auch nur wenig
nähme.

8 Ein andrer Jünger,
   Andreas,
   des Simon Petrus Bruder, sprach zu ihm:
9 Da ist ein Junge,
   der hat fünf Gerstenbrote und zwei Fische,
   das wäre alles.
   Was ist das für so viele Menschen?

10 Und Jesus sagte:
   Lasst lagern sich die Menschen!
   Es gab viel Gras an diesem Ort.
   Da machten sich die Männer
   ihr Lager, wohl fünftausend.
11 Und Jesus nahm die Brote, sprach
   das Dankgebet
   und reichte sie den Lagernden;
   desgleichen von den Fischen,
   so viele sie nur wollten.
12 Als alle dann gesättigt waren,
   sprach er zu seinen Jüngern: Sammelt,
   was übrig blieb, die Brocken,
   damit nichts umkommt.
13 Sie sammelten und füllten
   zwölf Körbe mit den Brocken
   von den fünf Gerstenbroten,
   die von der Speisung übrig blieben.
14 Als nun die Menschen diese Zeichentat
   gesehen hatten,
   da sagten sie: Wahrhaftig, Er,
   er ist es, der Prophet,

der in die Welt
kommt.

15 Als Jesus nun bemerkte,
sie wollten ihn ergreifen,
um ihn zu ihrem König auszurufen,
entwich er wieder auf den Berg,
er selbst, allein.

**Das fünfte Zeichen:
Christus erscheint den Jüngern auf dem See**

16 Es wurde Abend,
und seine Jünger gingen
hinab zum See.
17 Sie stiegen in ein Boot und fuhren
ans andre Ufer, nach Kafarnaum.
Es war schon dunkel,
und Jesus war noch nicht zurückgekommen.
18 Der See war aufgewühlt von starkem Sturm.
19 Sie waren etwa fünfundzwanzig
bis dreißig Stadien gefahren,
da sah'n sie Jesus wandeln auf dem See.
Und als er nah ans Boot gekommen war,
gerieten sie in Furcht.
20 Er aber rief sie an:

Ich bin,
fürchtet euch nicht.

21 Sie wollten ihn im Boot
mitnehmen, und sogleich
befand es sich am Ziel:
am andern Ufer.

Kapitel 6

Die Rede zu Kafarnaum:
Ich bin das Brot des Lebens

22 Am nächsten Tag bemerkten
die vielen Menschen, die
am andern Seeufer geblieben waren:
Da war kein Boot, außer dem einen,
und Jesus war nicht eingestiegen.
Die Jünger waren
alleine abgefahren.

23 Da kamen andre Boote aus Tiberias,
ganz in die Nähe,
wo sie das Boot gesehen hatten,
nachdem der Herr das Dankgebet gesprochen.

24 Als sie nun weder Jesus,
noch seine Jünger sahen,
stiegen sie in die Boote
und fuhren nach Kafarnaum,
Jesus zu suchen.

25 Als sie ihn dann am andern Ufer
des Sees gefunden hatten,
da sagten sie zu ihm:
Wann, Meister,
bist du hierher gekommen?

26 Jesus antwortete und sprach:
Wahr ist das Wort:
Ihr sucht mich nicht, weil ihr die Zeichen
gesehen und verstanden,
vielmehr, weil ihr gegessen habt
vom Brot
und satt geworden seid.

27 Bemüht euch nicht um Speise, die vergeht,
vielmehr um Speise, die

ins ewige Leben reicht,
die er euch geben wird, der Menschensohn.
Er ist bestätigt durch den Vater-Gott.

28 Da sagten sie zu ihm:
Wie wirken wir die Werke Gottes?
29 Jesus antwortete und sprach:
Werk Gottes ist, an den zu glauben,
den er gesandt.
30 Sie fragten weiter:
Was für ein Zeichen gibst du uns,
damit wir sehen, um an dich zu glauben,
und welche Werke?
31 Die Väter haben in der Wüste
Manna gegessen, nach dem Wort der Schrift:
«Zur Speise gab er ihnen Himmelsbrot.»
32 Da sagte Jesus ihnen:
Wahr ist das Wort:
Es war nicht Moses,
der euch das Himmelsbrot gegeben,
vielmehr mein Vater:
Er gibt euch Himmelsbrot, das wahre Brot.
33 Denn Gottes Brot kommt aus dem Himmel
und gibt der Welt das Leben.
34 Da sagten sie zu ihm:
Herr, gib uns allzeit dieses Brot!
35 Und Jesus sprach zu ihnen:
Ich bin das Brot des Lebens.
Wer zu mir kommt, wird nicht mehr hungern,
wer an mich glaubt, wird nicht mehr dürsten.
36 Ich habe euch gesagt:
Gesehen habt ihr,
doch glaubt ihr nicht.

37 Was immer mir der Vater gibt,
   wird zu mir kommen.
   Wer zu mir kommt, den weise ich nicht ab;
38 weil ich herabgekommen bin
   vom Himmel,
   zu tun nicht meinen Willen,
   vielmehr den Willen dessen,
   der mich gesandt.

39 Dies aber ist der Wille dessen,
   der mich gesandt, dass ich von allem,
   das er mir gab, nicht eins aus ihm verliere,
   vielmehr zur Auferstehung führe
   am letzten Tag.
40 Dies ist der Wille meines Vaters,
   dass jeder, der den Sohn
   schaut
   und an ihn glaubt,
   das ewige Leben hat.
   Ich führe ihn zur Auferstehung
   am letzten Tag.

41 Die Juden aber
   entsetzten sich ob seines Wortes:
   Ich bin das Brot, vom Himmel
   herabgestiegen.
42 Sie sprachen:
   Ist es nicht Jesus, Josephs Sohn?
   den Vater kennen wir und auch die Mutter.
   Warum sagt er: Vom Himmel
   bin ich herabgestiegen?
43 Jesus antwortete und sprach:
   Lasst ab!

44 Denn niemand kommt zu mir,
   wenn nicht der Vater,
   der mich gesandt, ihn zieht.
   Ich aber führe ihn zur Auferstehung
   am letzten Tag.
45 In den Propheten steht geschrieben: Alle
   werden belehrt von Gott.
   Und jeder, der vom Vater
   gehört hat und gelernt, der kommt zu mir.
46 Doch niemand hat den Vater
   gesehen, außer dem,
   der aus Gott ist: Nur Er,
   Er hat den Vater
   gesehen.
47 Wahr ist das Wort:
   Wer glaubt, der hat das ewige Leben.
48 *Ich bin*
   das Brot des Lebens.

49 Die Väter aßen in der Wüste Manna
   und sind gestorben.
50 Dies ist das Brot, das aus dem Himmel kommt,
   damit, wer von ihm isst,
   nicht stirbt:
51 *Ich bin das Brot,*
   das Leben spendet,
   herabgekommen aus dem Himmel.
   Wer isst von diesem Brot, wird leben
   in alle Ewigkeit.

   Das Brot, das ich ihm geben werde,
   es ist mein Fleisch, gegeben für das Leben
   der Welt.

52 Die Juden stritten sich und fragten:
Wie kann uns dieser
sein Fleisch zu essen geben?
53 Da sagte Jesus ihnen:
Wahr ist das Wort:
Wenn ihr das Fleisch
des Menschensohnes nicht verschlingt,
wenn ihr nicht trinkt sein Blut,
habt ihr kein Leben in euch selbst.
54 Wer mein Fleisch isst und trinkt mein Blut,
hat ewig Leben.
Ich werde ihn am letzten Tag
zur Auferstehung führen. Denn
55 mein Leib, er ist die wahre Speise,
mein Blut, es ist der wahre Trank.
56 Wer mein Fleisch isst und trinkt mein Blut,
der bleibt in mir und ich in ihm.

57 Wie mich der Vater
des Lebens hat gesandt,
und wie ich selbst nur lebe durch den Vater,
so wird auch leben, wer mich isst,
durch mich.
58 Dies ist das Brot,
das aus dem Himmel kam.
Nicht wie die Väter
gegessen haben und gestorben sind:
Wer dies Brot isst, wird leben
in Ewigkeit.
59 So sprach er zu Kafarnaum,
als er dort in der Synagoge lehrte.

Das Evangelium des Johannes

Zwiespalt unter den Jüngern

60 Und viele
von seinen Jüngern hatten zugehört
und sagten: Hart ist diese Rede.
Wer hat die Kraft, zu hören?
61 Und Jesus merkte,
dass seine Jünger widerstrebten,
darum sprach er zu ihnen:
62 Das ärgert euch? Was aber dann,
wenn ihr den Menschensohn
aufsteigen seht,
dahin, wo er gewesen?
63 Der Geist, er macht lebendig,
das Fleisch bewirket nichts.
Die Worte,
die ich zu euch gesprochen habe,
sind Geist und Leben.
64 Doch einige von euch:
sie glauben
nicht.
Es wusste Jesus schon von Anfang an,
wer jene sind, die nicht zum Glauben kämen
und wer ihn dann verraten würde.
65 Er sagte: Darum
hab' ich zu euch gesprochen:
zu mir kann niemand kommen,
wenn es ihm nicht vom Vater
gegeben ist.
66 Und viele seiner Jünger traten nun
zurück, und zogen weiter nicht
mit Ihm.

Das Bekenntnis des Petrus

67 Da sagte Jesus zu den Zwölfen:
Wollt ihr nicht auch von dannen geh'n?
68 Simon Petrus entgegnete:
Zu wem, Herr, sollten wir wohl geh'n?
Nur du hast Worte
ewigen Lebens.
69 Wir glauben und wir haben
erkannt: Du bist von Gott – der Heilige.
70 Jesus antwortete:
Hab' ich euch Zwölf nicht auserwählt?
Und doch ist einer unter euch
ein Teufel.
71 Er sprach von Judas,
dem Sohn des Simon
Iskariot; denn dieser sollte ihn
verraten, einer
der Zwölf.

7.

Die Reden auf dem Laubhüttenfest und danach

1 Danach zog Jesus
durch Galiläa; denn er wollte nicht
durch Juda wandern, weil die Juden
die Absicht hatten, ihn zu töten.

Jesus und seine Brüder

2   Es nahte das Laubhüttenfest der Juden.
3   Da wandten seine Brüder sich an ihn:
    Zieh fort von hier, geh nach Judäa,
    damit die Werke, die du wirkst,
    auch deine Schüler sehen.
4   Es wirkt, wer strebt nach öffentlicher Geltung,
    nicht im Verborgenen.
    Und willst du wirken,
    so zeige dich der Welt!
5   Auch seine Brüder glaubten nicht an ihn.
6   Da sprach Jesus zu ihnen:
    Sie ist noch nicht gekommen, meine Zeit.
    Doch eure Zeit ist allezeit.
7   Euch kann die Welt nicht hassen,
    mich aber hasst sie,
    weil ich bezeuge: Böse
    sind ihre Werke.
8   Geht ihr hinauf zum Fest!
    Ich gehe nicht;
    der rechte Augenblick, für mich,
    ist noch nicht da.
9   So sprach er – und er blieb in Galiläa.

Unerkannt geht Jesus zum Fest

10 Als aber seine Brüder
    hinaufgezogen waren
    zum Fest, da ging auch er hinauf,
    nicht augenfällig:
    wie im Verborgenen.

11 Die Juden aber suchten ihn beim Fest
und fragten:
12 Wo ist er? Und die Leute tuschelten.
Die einen sagten: Er ist gut.
Andere sagten: Nein,
denn er verführt das Volk.
13 Doch frei heraus sprach niemand:
sie fürchteten die Juden.

Jesus lehrt im Tempel

14 Schon war die Mitte
der Festeszeit gekommen,
da ging Jesus hinauf zum Tempel
und lehrte.
15 Die Juden staunten,
und sagten:
Woher kennt er die Schriften?
Hat er doch nicht gelernt!

16 Und Jesus sprach zu ihnen:
Was ich zu lehren habe, ist nicht mein,
ist dessen, der mich sandte.
17 Wer Seinem Willen folgt, der wird erkennen,
ob diese Lehre ist aus Gott,
ob ich nur aus mir selber rede.
18 Wer aus sich selber spricht,
sucht nur die eigne Ehre.
Nur wer die Lehre dessen sucht,
der ihn gesandt, der ist wahrhaftig,
und Ungerechtigkeit ist nicht in ihm.
19 Hat euch nicht Moses das Gesetz gegeben?
Doch niemand achtet es.

Warum wollt ihr mich töten?
20 Und aus dem Volk bekam er Antwort:
Ein Dämon hat dich wohl ergriffen:
Wer will dich töten?
21 Und Jesus sprach zu ihnen:
Nur eines tat ich,
und alle wundern sich.
22 Beschneidung gab euch Moses –
sie stammt von Moses nicht, doch von den Vätern –
und ihr beschneidet
den Menschen auch am Sabbat.
23 Wenn nun der Mensch am Sabbat
beschnitten wird, damit erfüllt wird
das Gesetz des Mose,
warum empört ihr euch,
wenn ich am Sabbat einen Menschen ganz
gesund gemacht?
24 Urteilt nicht nach dem Anschein,
fällt euer Urteil
gerecht!

25 Da sagten Leute aus Jerusalem:
Ist es nicht Jesus, den sie töten wollen?
26 Seht doch, er redet frei und offen.
Sie aber lassen ihn gewähren.
Wahrhaftig, haben
die Oberen erkannt:
Er ist der Christus?
27 Von diesem Menschen wissen wir,
woher er stammt.
Wenn aber der Messias kommt,
wird niemand wissen,
woher.

28 Und Jesus, der im Tempel lehrte,
rief laut die Worte:
Ihr kennt mich, und ihr wisst, woher ich bin.
Nicht aus mir selbst bin ich gekommen.
Der mich gesandt: Er ist
in Wahrheit.
29 Ihr kennt ihn nicht. Ich aber kenne ihn:
Ich bin aus Ihm gekommen; Er
hat mich gesandt.

30 Sie wollten ihn ergreifen,
doch niemand legte Hand an ihn,
weil seine Stunde
noch nicht gekommen war.
31 Und viele aus dem Volk bekehrten sich
zu ihm und sprachen:
Der Christus, wenn er kommt,
wird er mehr Zeichen tun
als dieser schon getan?

32 Den Pharisäern kam zu Ohren,
was so getuschelt wurde
unter den Leuten.
Da schickten nun die Oberpriester
und Pharisäer Diener:
Die sollten ihn ergreifen.
33 Und Jesus sprach:
Noch eine kleine Weile bin ich bei euch,
dann gehe ich zu dem, der mich gesandt.
34 Ihr werdet nach mir suchen,
doch finden werdet ihr mich nicht.
Denn wo ich bin, könnt ihr nicht hingelangen.
35 Da redeten die Juden untereinander:
Wohin will er wohl gehen,

dass wir ihn nicht mehr finden?
Geht er in die Diaspora, zu Griechen?
Will er die Griechen lehren?
36 Was sagt das Wort, das er gesprochen:
Ihr werdet nach mir suchen,
doch finden werdet ihr mich nicht.
Und: Wo ich bin, könnt ihr nicht hingelangen?

37 Und dann am letzten,
dem großen Festtag
stand Jesus auf und rief die Worte:
Wenn einer Durst hat, komme er zu mir
und trinke.
38 Wer an mich glaubt, wie es die Schrift bezeugt:
Aus seinem Innern werden Ströme
lebendigen Wassers fließen!
39 Das sagte er vom Geist, den jene
empfangen sollten,
die an ihn glauben.
Der Geist, er war noch nicht gegeben;
denn Jesus war noch nicht verklärt.
40 Doch jene aus dem Volk,
die seinen Worten folgten, sprachen:
Wahrhaftig,
er ist es, der Prophet.
41 Andere sagten: der Messias.
Und wieder andre sprachen:
Kommt denn der Christus
aus Galiläa?
42 Sagt nicht die Schrift,
dass Christus aus dem Samen Davids kommt,
aus Bethlehem, dem Ort,
in dem einst David lebte?

Kapitel 7

«Man wollte ihn ergreifen»

43 Da gab es seinetwegen eine Spaltung
   im Volk.
44 Man wollte ihn ergreifen;
   doch niemand legte Hand an ihn.
45 Die Diener kehrten
   zurück zu ihren Oberpriestern
   und Pharisäern. Jene sprachen:
   Warum habt ihr ihn nicht gebracht?
46 Und es erwiderten die Diener:
   So hat noch nie ein Mensch gesprochen.
47 Die Pharisäer sagten:
   Seid ihr denn auch verführt?
48 Wer glaubt an ihn
   von Oberen und Pharisäern, wer?
49 Doch nur die Menge,
   die das Gesetz nicht kennt: Sie sei verflucht!

50 Da sagte einer
   von ihnen, Nikodemus,
   der ehedem zu Jesus
   bei Nacht gekommen war:
51 Kann denn ein Mensch nach dem Gesetz
   gerichtet werden, noch
   bevor er angehört –
   und ohne Einblick in sein Tun?
52 Sie aber sprachen:
   So bist du auch ein Galiläer? Forsche,
   und dann erkenne: Der Prophet
   kommt nicht aus Galiläa.
53 Da gingen sie,
   ein jeder in sein Haus.

8.

Christus und die Ehebrecherin

1 Jesus begab sich nun zum Ölberg.
2 Und in der Morgenfrühe ging er wieder
  hinauf zum Tempel.
  Viel Volk kam zu ihm.
  Er setzte sich und lehrte.
3 Da brachten sie,
  die Schriftgelehrten und die Pharisäer,
  ihm eine Frau, ertappt beim Ehebruch,
  stellten sie in die Mitte
4 und sagten dann zu ihm:
  Meister, die Frau hat man auf frischer Tat
5 beim Ehebruch ertappt. Und im Gesetz
  hat Moses uns geboten, sie zu steinigen.
  Du aber, was sagst du?
6 Das sagten sie, ihn zu versuchen, und
  Anklage zu erheben gegen ihn.
  Und Jesus bückte sich und schrieb
  mit seinem Finger in die Erde.
7 Sie blieben, und sie fragten weiter.
  Er richtete sich auf und sprach zu ihnen:
  Wer von euch ohne Sünde ist,
  werfe den ersten Stein!
8 Da bückte er sich wieder, und
  schrieb in die Erde.
9 Und sie, kaum hatten sie das Wort gehört,
  gingen hinaus,
  der eine nach dem andern,
  die Ältesten zuerst.

Er blieb allein,
und jene Frau, noch immer in der Mitte.
10 Da richtete sich Jesus auf und sprach zu ihr:
Frau,
wo sind sie?
Hat niemand dich verurteilt?
11 Sie aber sagte: Herr,
niemand.
Und Jesus sprach:
Auch ich verurteile dich nicht.
Geh,
und sündige nicht mehr!

Ich bin das Licht der Welt

12 Und Jesus lehrte
ein andermal und sprach:
Ich bin das Licht der Welt.
Wer mir nachfolgt, wird nicht im Finstern wandeln:
Er hat das Licht des Lebens.
13 Und es erwiderten die Pharisäer:
Du zeugst nur für dich selbst.
Dein Zeugnis ist nicht wahr.
14 Jesus antwortete und sprach zu ihnen:
Auch wenn ich mich nur selbst bezeuge, ist
mein Zeugnis wahr,
ich weiß, woher ich komme, und
wohin ich gehe.
15 Ihr richtet nach dem Sinnenschein.
Ich richte nicht.
16 Und wenn ich richte, spricht die Wahrheit;
denn ich bin nicht allein.

Ich bin mit ihm, der mich gesandt,
dem Vater.
17 Es steht geschrieben im Gesetz,
das ihr bekennt:
Wahr ist das Zeugnis von zwei Menschen.
18 *Ich bin,* der ich mich selbst bezeuge,
und Zeugnis gibt, der mich gesandt, der Vater.
19 Da fragten sie: Wo ist dein Vater?
Jesus antwortete:
Ihr kennt mich nicht;
nicht kennt ihr meinen Vater.
Kenntet ihr mich
ihr kenntet meinen Vater.
20 Das sind die Worte, die er sprach,
als er im Tempel lehrte,
am Schatzhaus;
und niemand nahm ihn fest,
denn seine Stunde war noch nicht gekommen.

Vorblick auf die Erhöhung des Menschensohnes

21 Ein andermal sprach er zu ihnen:
Ich gehe fort,
und ihr
werdet mich suchen, aber sterben
in euern Sünden.
Wohin ich gehe,
könnt ihr nicht folgen.
22 Die Juden sagten:
Soll das wohl heißen,
er will sich töten, wenn er spricht:

Wohin ich gehe,
könnt ihr nicht folgen?
23 Und weiter sagte er:
Ihr seid von unten,
ich bin von oben,
ihr seid von dieser Welt, ich aber
bin nicht von dieser Welt.
24 Ich habe euch gesagt: Ihr werdet sterben
in euern Sünden; und so ist es:
Wenn ihr nicht glaubt: *ich bin*,
werdet ihr sterben
in euern Sünden.

25 Da fragten sie ihn: Du,
wer bist du?
Jesus erwiderte:
Denket den Urbeginn in meiner Rede.
26 Es gäbe wohl noch viel
zu reden und zu richten;
doch Er, der mich gesandt, er ist wahrhaftig,
und ich, ich rede nur zur Welt,
was ich von Ihm vernommen.
27 Sie merkten nicht, dass er vom Vater
zu ihnen sprach.

28 Und weiter sagte Jesus:
Wenn ihr den Menschensohn erhöht,
dann werdet ihr erkennen:
Ich bin.
Ich wirke nicht aus meinem Selbst.
Ich rede,
was mich gelehrt der Vater.
29 Der mich gesandt hat, ist mit mir.

Er hat mich nicht allein gelassen, weil
ich allzeit tue, was ihm wohlgefällt.
30 Als er so sprach,
da kamen viele
zum Glauben
an Ihn.

Die Freiheit durch den Sohn

31 Da sagte Jesus zu den Juden,
die an ihn glaubten:
Wenn ihr nun bleibt in meinem Wort,
seid ihr in Wahrheit meine Jünger.
32 Erkennen werdet ihr die Wahrheit.
Die Wahrheit macht euch frei.
Und sie entgegneten:
33 Wir sind Nachkommen Abrahams
Und niemals haben wir gedient als Knechte;
und du sagst: wir,
wir werden frei?
34 Jesus antwortete:
Wahr ist das Wort:
Wer sündigt, ist der Sünde Knecht;
35 der Knecht jedoch bleibt nicht für immer,
der Sohn: Er bleibt in alle Ewigkeit
im Hause.
36 Wenn nun der Sohn euch in die Freiheit führt,
werdet ihr wirklich frei.

KAPITEL 8

Kinder Abrahams, Gottes und des Teufels

37 Ich weiß, ihr seid aus Abrahams Geschlecht.
   Doch sucht ihr mich zu töten,
   weil für mein Wort in euch kein Raum.
38 Ich rede, was ich sah beim Vater.
   Macht ihr es ebenso,
   und tut, was ihr gehört vom Vater.
39 Sie sagten: Abraham ist unser Vater.
   Und Jesus sprach zu ihnen:
   Wäret ihr Kinder Abrahams,
   ihr tätet so, wie er getan.
40 Doch nun wollt ihr mich töten,
   den Menschen,
   der euch die Wahrheit sagte,
   die ich von Gott gehört.
   Mitnichten hat dies Abraham getan.
41 Ihr tut die Werke *eures* Vaters.
   Da sagten sie zu ihm:
   Nein, wir sind nicht im Ehebruch gezeugt.
   Nur einen Vater haben wir:
   Gott.
42 Und Jesus sprach zu ihnen:
   Wenn Gott wär' euer Vater,
   dann würdet ihr mich lieben.
   Denn ich bin ausgegangen
   und hergekommen
   von Gott.
   Nicht aus mir selbst bin ich gekommen: Er
   hat mich gesandt.
43 Warum versteht ihr meine Rede nicht?
   Weil ihr mein Wort nicht hören könnt;
44 denn euer Vater ist der Teufel,

und sein Begehr ist euer Tun.
Er war von Anfang an ein Menschenmörder,
und in der Wahrheit steht er nicht,
weil *in* ihm keine Wahrheit *ist*.
Er lügt, spricht nur aus sich,
weil er ein Lügner ist
und Vater aller Lügen.

45 Ich aber:
weil ich die Wahrheit sage,
glaubt ihr mir nicht.

46 Wer weist mir eine Sünde nach?
Wenn ich die Wahrheit sage:
Warum glaubt ihr mir nicht?

47 Wer Gottes ist, hört Gottes Wort.
Ihr hört es nicht,
weil ihr nicht Gotteskinder seid.

48 Die Juden
entgegneten und sagten ihm:
Ist es nicht wohlgetan,
wenn wir dich einen Samariter nennen,
besessen ganz von einem Dämon?

49 Jesus antwortete:
Ich habe keinen Dämon.
Ich ehre meinen Vater,
und ihr nehmt mir die Ehre,

50 die ich nicht suche. Er,
der sie bewahrt und richtet, ist.

51 Wahr ist das Wort:
Wer mein Wort hält,
der wird den Tod nicht schmecken
in Ewigkeit.

52 Da sagten ihm die Juden:
Jetzt wissen wir: du bist

von einem bösen Geist besessen.
Gestorben
sind Abraham und die Propheten.
Du aber sagst: Wer mein Wort hält,
der wird den Tod nicht schmecken
in Ewigkeit.
53 Bist du denn mehr
als unser Vater Abraham:
Gestorben ist er, so auch die Propheten!
Zu wem machst du dich selbst?
54 Jesus antwortete:
Wenn ich mich selber ehre,
ist meine Ehre nichtig.
Es ist mein Vater, der mich ehrt,
von dem ihr sagt: nur Er ist unser Gott.
Doch ihr,
55 ihr habt ihn nicht erkannt.
Ich aber kenne ihn, und wenn ich sagte,
dass ich ihn nicht erkenne,
wär' ich wie ihr ein Lügner.
Ich kenne ihn und halte
sein Wort.
56 Es jubelte der Vater Abraham,
dass er erblicken sollte meinen Tag.
Mit Freuden sah er ihn.
57 Da sagten ihm die Juden:
Du hast noch keine fünfzig Jahre,
und doch den Vater Abraham gesehn?
58 Da sprach Jesus zu ihnen:
Wahr ist das Wort:
Ich bin,
bevor noch Abraham geboren wurde.
59 Sie hoben Steine auf,

um ihn zu steinigen.
Jesus verbarg sich
und ging hinaus aus dem Bereich des Tempels.

9.

Das sechste Zeichen:
Die Heilung des Blindgeborenen

1 Da sah er im Vorübergehen einen Mann;
   der war blind von Geburt;
2 und seine Jünger fragten ihn:
   Meister, wer hat gesündigt, er,
   oder die Eltern,
   so dass er blind geboren wurde.

3 Jesus antwortete:
   Gesündigt haben weder er
   noch seine Eltern, er ist blind,
   damit an ihm sich zeigen
   die Werke Gottes.
4 Wir müssen wirken
   die Werke dessen,
   der mich gesandt, solang es tagt.
   Es kommt die Nacht,
   da niemand wirken kann.
5 Nur in der Welt bin ich das Licht der Welt.

6 So sprach er, spuckte aus,
   und machte Brei aus dieser Erde
   und seinem Speichel:

Den strich er auf die Augen
des Blinden.
7 Da sagte er zu ihm:

Geh, wasche dich im Teich Siloah
(das heißt: gesandt)
da ging er hin, wusch sich, und wieder kam er:
sehenden Auges.
8 Die Nachbarn aber sagten
und jene, die ihn nur als Bettler kannten:
Ist es denn nicht der Blinde,
der stets da saß und bettelte?
9 Und andre meinten:
Er ist es; wieder andre: Nein,
doch ähnlich ist er jenem.
Und dieser sprach: Ich bin.
10 Da fragten sie ihn: Wie,
auf welche Weise wurden deine Augen
geöffnet?
Er antwortete so:
11 Der Mensch mit Namen Jesus:
Er machte einen Brei,
bestrich dann meine Augen, sagte:
Geh zum Siloah, wasche dich!
Und also ging ich hin,
wusch mich und wurde sehend.
12 Sie fragten ihn:
Wo ist er?
Und er entgegnete:
Ich weiß es nicht.

13 Sie brachten ihn den Pharisäern, ihn,
der blind gewesen war.

14 Es war aber der Tag ein Sabbat,
an dem Jesus den Brei gemacht
und seine Augen
geöffnet hatte.
15 Da fragten ihn nun auch die Pharisäer,
auf welche Weise er
sehend geworden war.
Er aber sagte ihnen:
Brei legte er mir auf die Augen;
ich wusch mich – und ich sehe.

16 Da sagten einige der Pharisäer:
Der Mensch ist nicht von Gott,
weil er den Sabbat nicht beachtet.
Und andre sprachen:
Wie kann ein Sünder solche Zeichen tun?
So waren sie gespalten
17 und fragten wieder
den Blindgeborenen:
Was sagst du über ihn,
nachdem er deine Augen aufgetan?
Er sprach:
Der Mensch ist ein Prophet.

18 Die Juden aber waren
im Zweifel,
ob er als Blinder
sehend geworden war,
riefen die Eltern
19 und fragten sie:
Ist das hier euer Sohn,
von dem ihr sagt, er sei schon blind geboren?
Wie kann es sein, dass er jetzt sieht?

20 Da antworteten die Eltern
und sagten:
Wir wissen: dieser
ist unser Sohn, und er ist blind geboren.
21 Wie er jetzt sieht, wissen wir nicht.
Nicht wissen wir,
wer seine Augen aufgetan.
Fragt ihn nur selbst, er hat das Alter,
um für sich selbst zu sprechen.

22 Das sagten seine Eltern,
weil sie die Juden fürchteten;
denn diese hatten ja beschlossen:
wer sich bekennt zu Christus,
wird ausgeschlossen aus der Synagoge.
23 Deshalb sagten die Eltern:
Er hat das Alter, fragt ihn selbst!

24 Da riefen sie zum zweiten Mal den Mann,
der blind war von Geburt.
Sie sagten ihm:
Gib Gott die Ehre!
Wir wissen, dieser Mensch ist sündig.
25 Da antwortete jener:
Ob er ein Sünder ist, das weiß ich nicht.
Nur eines weiß ich:
Blind war ich, und jetzt sehe ich.
26 Da sagten sie zu ihm:
Was machte er mit dir?
Wie hat er deine Augen aufgetan?
27 Und er entgegnete:
Ich habe es doch schon gesagt,
ihr habt nicht zugehört.

Warum wollt ihr es wieder hören?
Wollt ihr denn seine Jünger werden?
28 Und sie beschimpften ihn und sagten:
Du bist sein Jünger, wir jedoch
sind Jünger Moses'.
29 Wir wissen,
dass Gott zu Moses hat gesprochen.
Von ihm wissen wir nicht, von wo er stammt.
30 Da gab der Mann zur Antwort
und sagte ihnen:
Das ist wohl wundersam: Woher er stammt,
das wisst ihr nicht;
doch meine Augen hat er aufgetan.
31 Wir wissen: Sünder hört Gott nicht.
Wer aber Gott verehrt und seinen Willen tut,
den hört er.
32 Seit Ewigkeiten hat man nicht gehört,
dass jemand aufgetan
die Augen eines Blindgeborenen.
33 Und wäre dieser nicht von Gott,
nichts hätte er bewirkt.
34 Und sie entgegneten und sprachen:
Im Übermaß der Sünde wurdest du geboren,
und du willst uns belehren?
Sie stießen ihn hinaus.

35 Als Jesus hörte,
sie hätten ihn verstoßen,
suchte er ihn;
und als er ihn gefunden hatte,
fragte er ihn:
Du, glaubst du an den Menschensohn?
36 Er antwortete und sprach:

Wer ist es, Herr, damit ich an ihn glaube?
37 Jesus sagte zu ihm:
Gesehen hast du ihn.
Der mit dir spricht, der *ist*.
38 Drauf der Geheilte:
Ich glaube, Herr,
und fiel vor ihm zu Boden.

39 Und Jesus sprach:
Zum rechten Urteil
bin ich in diese Welt gekommen,
damit die Blinden sehen und
wer sieht, erblinde.
40 Das hörten Pharisäer
– sie standen nahe bei –
und fragten ihn: Auch wir sind blind?
41 Und Jesus sagte ihnen:
Wäret ihr blind, frei wäret ihr von Sünde.
Ihr aber sagt: wir sehen;
und eure Sünde bleibt.

10.

Hirt und Herde

1 Wahr ist das Wort:
Wer zu den Schafen geht
nicht durch die Tür,
wer übersteigend irgend eindringt
in das Gehege, ist ein Dieb,
ein Räuber.

2   Wer aber durch die Tür eingeht,
    ist Hirt der Schafe.
3   Der Hüter öffnet ihm,
    die Schafe hören
    auf seine Stimme.
    Mit Namen ruft er seine Schafe und
    führt sie hinaus.
4   Und hat er all die Seinen
    hinausgelassen,
    geht er voran.
    Die Schafe folgen,
    sie kennen seine Stimme.
5   Dem Fremden folgen
    sie nicht; sie werden fliehen; denn
    sie kennen nicht des Fremden Stimme.

6   Jesus gab ihnen diese Gleichnisrede.
    Doch sie verstanden nicht,
    was er damit wohl meinte.
7   Und weiter sagte Jesus:
    Wahr ist das Wort:
    Ich bin die Tür zu jenen Schafen.
8   Die vor mir kamen,
    sind Diebe und sind Räuber.
    Die Schafe aber haben nicht auf sie gehört.
9   *Ich bin die Tür.*
    Und wer durch mich hineingeht, wird
    gerettet werden.
    Er wird den Eingang und den Ausgang nehmen
    und Weide finden.
10 Der Dieb, wenn er denn kommt,
    der will nur stehlen, würgen, morden.
    Ich bin gekommen,

damit sie Leben haben
und Überfluss.

11 *Ich bin der Hirt, der schöne,*
   der gute Hirte:
   Er gibt sein Leben
   den Schafen.
12 Nicht ist der Lohnknecht Hirt,
   nicht sind die Schafe sein,
   er sieht den Wolf, flieht und verlässt die Schafe,
   – der Wolf wird sie zerstreuen, rauben –
13 weil er nur Lohnknecht ist:
   Was liegt ihm an den Schafen!
14 *Ich bin der gute Hirte*
   die Meinen
   sind mir vertraut.
15 Sie kennen mich, die Meinen,
   wie mich der Vater kennt
   und ich den Vater kenne.
   Mein Leben gebe ich den Schafen.

16 Noch andre Schafe habe ich,
   sie stammen nicht aus diesem Stall.
   Auch diese muss ich führen;
   auf meine Stimme hören sie.
   Und es wird sein:
   nur eine Herde und ein Hirt.

17 Darum liebt mich der Vater,
   weil ich mein Leben gebe,
   um es zu nehmen.
18 Niemand kann es mir rauben.
   Aus mir selbsteigen gebe ich es hin.
   Ich habe Wesensmacht, es hinzugeben

und Wesensmacht zu neuem Leben.
Empfangen habe ich die Weisung
von meinem Vater.

19 Da ging wieder ein Riss
ob dieser Worte durch die Juden.
20 Es sagten viele:
Er ist besessen
von einem Dämon.
Wahnsinn hat ihn befallen.
Warum hört ihr auf ihn?
21 Und andre sagten:
So spricht nicht ein Besessener.
Kann denn ein Dämon einem Blinden
die Augen öffnen?

Die Rede auf dem Tempelweihefest – und Rückzug jenseits des Jordans

22 Dann folgte in Jerusalem
das Fest der Tempelweihe. Es war Winter,
23 und Jesus ging umher
im Tempel, in der Halle
des Salomo. Die Juden
24 umringten ihn und sagten:
Wie lange noch hältst du uns hin?
Bist du der Christus?
Sprich offen!
25 Jesus antwortete:
Ich sprach zu euch, ihr glaubt mir nicht.
Die Werke,
die ich im Namen meines Vaters
verrichte: sie bezeugen, wer ich bin.

KAPITEL 10

26 Ihr aber glaubt nicht, weil ihr nicht
zu meinen Schafen zählt.
27 Nur meine Schafe hören meine Stimme.
28 Sie folgen mir, ich kenne sie und gebe ihnen
ewiges Leben.
Sie werden nicht vernichtet
durch alle Zeitenkreise
der Ewigkeit.
Aus meinen Händen
wird sie mir niemand reißen:
29 Mein Vater hat sie mir gegeben,
der größer ist als alle;
und niemand kann sie rauben aus der Hand
des Vaters.

30 *Ich und der Vater
sind eins.*

31 Da schleppten
die Juden wieder Steine
herbei, um ihn zu steinigen.
32 Und Jesus sprach zu ihnen:
Ich habe euch gezeigt
so viele gute Werke aus dem Sein
des Vaters.
Weshalb wollt ihr mich steinigen?
33 Und es entgegneten die Juden:
Nicht wegen eines guten Werks
sollst du gesteinigt werden,
nur wegen einer Lästerung:
Weil du, ein Mensch,
dich machst
zu Gott.

34 Jesus antwortete:
Steht nicht geschrieben im Gesetz:
«Ich
habe gesagt:
Ihr
seid Götter?»
35 Und wenn er jene Götter nennt,
an die das Wort ergangen ist
von Gott – und immer gilt die Schrift –
36 warum dann sagt ihr jenem,
den Gott geheiligt
und in die Welt gesandt: du lästerst,
weil ich gesagt, ich bin des Gottes Sohn?
37 Wenn ich
die Werke meines Vaters nicht vollbringe,
dann glaubt mir nicht!
38 Doch wenn ich sie vollbringe
und ihr nicht glaubt, so glaubt den Werken,
um zu verstehen
und zu erkennen:
der Vater ist in mir, und ich,
ich bin im Vater.
39 Und abermals versuchten sie,
ihn zu ergreifen.
Doch er entkam dem Zugriff ihrer Hände.

Jenseits des Jordans

40 Er zog über den Jordan in die Gegend,
wo einst Johannes taufte;
und dort verweilte er.
41 Groß war die Menge,
die zu ihm kam.

Sie sprachen:
Johannes tat kein Zeichen,
doch alles, was Johannes
über den Menschen sagte, das ist wahr.
42 Es kamen viele dort zur Kraft des Glaubens
an Ihn.

11.

Das siebente Zeichen:
Die Auferweckung des Lazarus

1 Ein Mensch war krank,
Lazarus von Bethanien,
dem Dorf Marias
und ihrer Schwester Martha –
2 Maria, die den Herrn mit Öl gesalbt
und seine Füße mit den Haaren
getrocknet hatte:
Ihr Bruder Lazarus war krank.
3 Da sandten
die Schwestern hin zu Jesus mit den Worten:
Herr, siehe, er ist krank, er, den du liebst.
4 Als Jesus dies gehört, sprach er:
Zum Tode
ist diese Krankheit nicht, vielmehr
zum Ruhme Gottes,
damit sich offenbare Gottes Sohn.
5 Jesus jedoch, er liebte
Martha und ihre Schwester
und Lazarus.
6 Als er nun hörte, er sei krank,

da blieb er noch zwei Tage an dem Ort,
an dem er sich befand.
Danach sprach er zu seinen Jüngern:
7 So lasst uns wieder nach Judäa gehen.
8 Und seine Jünger sagten: Meister,
soeben noch wollten die Juden
dich steinigen, und du gehst wieder hin?
9 Es antwortete Jesus:
Hat denn zwölf Stunden nicht der Tag?
Wer so am Tage
umhergeht, stößt nicht an,
weil er die Dinge sieht
im Lichte dieser Welt.
10 Wer nachts umhergeht, der stößt an:
Er hat kein Licht in sich.
11 So sprach er.
Und weiter:
Lazarus, unser Freund, er schläft.
Ich gehe,
ihn aus dem Schlaf zu wecken.
12 Da sagten zu ihm seine Jünger:
Herr, wenn er schläft, wird er gesunden.
13 Doch Jesus hatte
von seinem Tod gesprochen, und sie meinten,
er rede nur von Schlaf und Schlummer.
14 Da sagte er zu ihnen frei heraus:
Lazarus ist gestorben.
15 Ich freue mich für euch:
Damit ihr glaubt, war ich nicht dort,
doch lasst uns zu ihm gehen.
16 Da sagte Thomas,
der Zwilling, zu den andern Jüngern:
Auf! lasst uns gehn, mit ihm zu sterben!

17 Als Jesus kam,
   lag Lazarus den vierten Tag im Grabe.
18 Es war Bethanien nahe bei Jerusalem,
   wohl fünfzehn Stadien entfernt.
19 Und viele Juden waren
   zu Martha und Maria
   gekommen, um den beiden Trost zu spenden
   des Bruders wegen.
20 Als Martha hörte, Jesus komme,
   da lief sie ihm entgegen.
   Maria blieb im Hause.
21 Und Martha wandte sich an Jesus:
   O Herr, wärest du hier gewesen,
   mein Bruder wäre nicht gestorben.
22 Aber auch jetzt: ich weiß,
   worum du bittest, alles
   wird Gott dir geben.
23 Da sprach Jesus zu ihr:
   Dein Bruder
   wird auferstehen.
24 Martha sagte zu ihm:
   Ich weiß, auch er wird auferstehen
   zur Auferstehung einst, am letzten Tag.
25 Und Jesus spricht:
   Ich bin die Auferstehung und das Leben.
   Wer an mich glaubt, wird leben,
   auch wenn er stirbt.
26 Und wer von allen Lebenden
   auf Erden an mich glaubt,
   wird nicht mehr sterben
   in alle Ewigkeit.
   Glaubst du das?
27 Sie sagt zu ihm: Ja, Herr, ich glaube fest:

Du bist der Christus, Gottes Sohn,
der in die Welt
kommt.

28 Nachdem sie dies gesagt,
ging sie und rief Maria, ihre Schwester.
Und heimlich sagte sie:
Der Meister
ist da und lässt dich rufen.

29 Und als Maria dies gehört,
da stand sie auf und eilte zu ihm.

30 Und Jesus war noch nicht ins Dorf gekommen;
er war noch, wo ihn Martha traf.

31 Die Juden, die bei ihr im Hause waren,
um sie zu trösten,
bemerkten, wie Maria sich erhob
und rasch hinausging.
Sie folgten in der Meinung,
sie gehe
zum Grab, um dort zu weinen.

32 Maria kam zu Jesus, sah ihn an,
und fiel zu seinen Füßen nieder
und sprach:
O Herr, wärest du hier gewesen,
mein Bruder wäre nicht gestorben.

33 Und Jesus sah sie weinen
und weinen auch die Juden,
die mitgekommen waren.
Da bebte er im Geist;

34 vom Ich erschüttert sprach er: Wo
habt ihr ihn hingelegt?
Sie sagten ihm: Herr, komm und sieh!

35 Jesus begann zu weinen.

36 Die Juden sagten: Seht, wie er ihn liebte!

37 Einige aber meinten:
Er hat dem Blinden
die Augen aufgetan:
Hätt' er nicht auch bewirken können,
dass dieser hier nicht starb?
38 Jesus erbebte wieder
in seinem Innersten und kam zum Grab.

Das Grab war eine Höhle.
Am Eingang lag ein Stein,
39 und Jesus sagt:
Nehmt weg den Stein!
Und Martha sagt,
die Schwester des Gestorbenen:
O Herr: Verwesungsluft!
Es ist der vierte Tag.
40 Und Jesus spricht zu ihr:
Hab' ich dir nicht gesagt, wenn du nur glaubst,
wirst du die Offenbarung Gottes schauen?
41 Da hoben sie den Stein.

Und Jesus hob die Augen auf; er sprach:
Vater, ich danke dir.
Du
hast mich erhört.
42 Ich wusste,
dass du mich alle Zeit erhörst.
Des Volkes wegen hier
hab' ich gesprochen.
Damit sie glauben: Du
hast mich gesandt.
43 Nach diesen Worten
rief er mit lauter Stimme: Lazarus!
Hierher! Heraus!

44 Heraus kam der Gestorbene, gebunden
an Händen und an Füßen,
sein Antlitz war umwunden
mit einem Schweißtuch.
Und Jesus sprach:
Bindet ihn los und lasst ihn gehen.

45 Und viele von den Juden,
die zu Maria
gekommen waren, seine Tat
gesehen hatten,
begannen daraufhin, an ihn zu glauben.
46 Doch gingen einige,
den Pharisäern zu berichten
von dieser Christus-Tat.
47 Die Oberpriester und die Pharisäer
riefen den Hohen Rat zusammen,
und fragten sich: Was sollen
wir tun? Der Mensch wirkt viele Zeichen.
48 Lassen wir ihn,
so werden alle an ihn glauben.
Die Römer aber nehmen uns
die heil'ge Stätte und das Volk dazu.
49 Einer von ihnen trug den Namen Kaiphas;
er war in diesem Jahr der Hohepriester
und sprach zu ihnen:
50 Begreift ihr nicht? Bedenkt wohl:
Es ist für euch nur besser,
ein Mensch sterbe für's Volk,
damit nicht auch das Volk verderbe.
51 Dies sagte er nicht aus sich selbst,
vielmehr als Hohepriester jenes Jahres
weissagte er:

Jesus soll sterben für das Volk;
52 und nicht nur für das Volk:
Auch die zerstreuten Kinder Gottes
sollte er wieder
in eins zusammenführen.
53 An jenem Tag beschlossen sie,
Jesus zu töten.
54 Und Jesus ging nun nicht mehr öffentlich
umher unter den Juden.
Er zog fort in das Land nahe der Wüste,
in eine Stadt mit Namen Ephraim.
Da blieb er mit den Jüngern.

55 Und nahe war das Passahfest der Juden
und viele Landbewohner zogen
hinauf zur Stadt Jerusalem,
schon vor dem Passahfest,
um sich zu reinigen.
56 Sie suchten Jesus, und sie sprachen
untereinander,
als sie im Tempel weilten:
Was meint ihr wohl, zum Fest
wird er doch sicherlich nicht kommen?
57 Die Oberpriester und die Pharisäer
hatten verordnet:
Wer wisse, wo er sei, müsse dies melden,
damit sie ihn festnehmen könnten.

12.

Vor dem letzten Osterfest

Die Salbung in Bethanien

1 Sechs Tage vor dem Passahfest
   kam Jesus nach Bethanien,
   wo Lazarus zuhause war,
   den er erweckte von den Toten.
2 Und sie bereiteten für ihn ein Mahl.
   Martha bediente.
   Und Lazarus war unter jenen, die mit ihm
   zu Tische lagen.
3 Da nahm Maria ein Pfund Salböl
   von echter Narde
   – das war sehr kostbar –
   salbte die Füße Jesu und
   trocknete sie mit ihren Haaren.
   Das Haus wurde erfüllt vom Duft des Öls.

4 Doch Judas
   Iskariot, der Jünger,
   der ihn verraten sollte, sprach:
5 warum hat man das Salböl nicht
   für dreihundert Dinare
   verkauft und dann das Geld den Armen
   gegeben?
6 So sprach er nicht der Armen wegen:
   Er war ein Dieb und trug die Kasse,
   und nahm daraus auch für sich selbst.

7 Doch Jesus sprach: Lass sie gewähren!
  Es sei zum Tage, da man mich begräbt.
8 Arme habt ihr doch alle Zeit bei euch,
  mich aber nicht.
9 Und eine große Anzahl Juden
  erfuhr nun, dass er dort war;
  Sie kamen nicht nur wegen Jesus, auch
  um Lazarus zu sehen,
  den er aus Grabesnacht erweckt.
10 *Da fassten*
   die Oberpriester den Beschluss,
   auch Lazarus zu töten,
11 weil viele Juden seinetwegen kamen und
   an Jesus glaubten.

Der messianische Einzug in Jerusalem

12 Am nächsten Tag:
   da war viel Volk zum Fest gekommen;
   und als sie hörten,
   auch Jesus komme nach Jerusalem,
13 da nahmen sie
   Palmzweige
   und zogen ihm entgegen.
   Laut riefen sie: Hosanna!
   Gepriesen sei er, der da kommt im Namen
   des Herrn: der König Israels!
14 Und Jesus fand ein Eselsfüllen
   und setzte sich darauf,
   so wie geschrieben steht:
15 «Fürchte dich nicht, o Tochter Zion!
   Siehe, dein König kommt, er reitet
   auf einem Eselsfüllen.»

16 Zuerst verstanden dies die Jünger nicht;
doch als dann Jesus
im Licht des Geistes
erschienen war, erinnerten sie sich,
dass dies von ihm geschrieben steht
und sie ihm zur Erfüllung halfen.
17 Und jene Menschen legten Zeugnis ab
für Ihn, die bei ihm waren,
als er den Lazarus
aus seinem Grab gerufen
und von den Toten auferweckt.
18 So viele Menschen zogen ihm entgegen,
weil sie von dieser Zeichentat gehört.
19 Da sprachen unter sich die Pharisäer:
Ihr seht, nichts haben wir erreicht;
denn alle Welt
folget ihm nach.

20 Doch unter denen, die zum Fest
gekommen waren, um zu beten,
waren auch Griechen. Diese
21 wandten sich an Philippus
aus Bethsaida
in Galiläa mit der Bitte: Herr,
wir wollen Jesus sehen.
22 Philippus
ging zu Andreas, ihn zu fragen.
Andreas und Philippus gingen
zu Jesus; und sie fragten Ihn.

23 Und Jesus antwortete und sprach:
Gekommen ist die Stunde,
da sich der Menschensohn
im Sein des Geistes offenbart.

KAPITEL 12

24 Wahr ist das Wort:
Wenn nicht das Weizenkorn
zur Erde fällt und stirbt,
bleibt es für sich: ein Korn.
Doch wenn es stirbt, bringt es viel Frucht.
25 Und wer sein Seelenleben liebt,
wird es verlieren.
Doch wer der Seele widersteht
in ihrer Weltverhaftung,
bewahrt sie für das Leben
in alle Ewigkeit.
26 Und wer mir dienen will, der folge mir.
Denn wo ich bin, wird auch mein Diener sein.
Und wer mir dient,
den wird mein Vater ehren.

27 Erschüttert bin ich in der Seele,
jetzt:
Was soll ich sagen? Vater,
errette mich aus dieser Stunde?
28 Es war mein Wille, diese Stunde! Vater,
verkläre deinen Namen!
Da tönte eine Stimme aus dem Himmel:
Ich habe ihn verklärt,
und werde ihn verklären.

29 Die Menge, die herumstand, meinte,
es hätte wohl gedonnert.
Und andre sagten:
Ein Engel sprach mit ihm.
30 Da antwortete Jesus:
Nicht mir galt diese Stimme, sie galt euch.
31 Die Welt steht vor Gericht.

Der Herrscher dieser Welt
wird ausgestoßen werden.
32 Und ich,
ich werde alle zu mir ziehen
wenn ich erhöht bin von der Erde.
33 Das sagte er, um anzuzeigen,
warum und wie er sterben sollte.

Die Rede über Licht und Finsternis

34 Und aus der Menge scholl es ihm entgegen:
Aus dem Gesetzbuch haben wir gehört:
Der Christus bleibt in Ewigkeit.
Wie kannst du sagen,
der Menschensohn, er wird erhöht?
Wer ist der Sohn des Menschen?
35 Da sagte ihnen Jesus:
Noch eine kleine Weile ist bei euch
das Licht.
So geht im Lichte, geht,
damit euch nicht die Finsternis verhüllt.
Denn wer im Dunkeln wandelt,
weiß nicht wohin er geht.
36 Glaubt an das Licht,
solange ihr im Lichte lebt,
damit ihr Söhne werdet
des Lichtes.
So sprach er, Jesus,
und ging, sich zu verbergen.

37 Er hatte viele Zeichen
getan, sie aber glaubten nicht an ihn.

38 So ward das Wort erfüllt,
das der Prophet gesprochen.
Jesaja hat gesagt:
Wer glaubte wohl an unsre Botschaft, Herr?
Und an den Arm des Herrn
und seine offenbare Macht?
39 Sie kamen nicht zum Glauben.
Hat doch Jesaja andernorts gesagt:
40 Geschlagen hat er ihre Augen
mit Blindheit,
ihr Herz verhärtet,
damit sie nicht mit ihren Augen sehen
und nicht mit ihren Herzen
zur Einsicht kommen,
sich nicht bekehren
und ich sie so nicht heilen kann.
41 So sprach Jesaja,
weil er den Lichtglanz Jesu
geschaut:
Von Ihm hat er gesprochen.

42 Und dennoch kamen viele,
auch von den Oberen, zum Glauben
an Ihn.
Der Pharisäer wegen
bekannten sie sich nicht,
damit sie aus der Synagoge
nicht ausgeschlossen würden;
43 denn Ehre bei den Menschen
galt ihnen mehr als Ehre
bei Gott.

44 Und laut sprach Jesus:
   Wer an mich glaubt, glaubt nicht an mich:
   Er glaubt an den, der mich gesandt.
45 Und wer mich sieht, sieht den, der mich gesandt.
46 Als Licht bin ich zur Welt gekommen,
   damit, wer an mich glaubt,
   nicht bleibt in Finsternis.
47 Wenn jemand meine Worte hört
   und nicht befolgt:
   Ich werde ihn nicht richten.
   Denn nicht die Welt zu richten,
   vielmehr die Welt zu retten bin ich hier.
48 Wer mich verachtet, meine Worte
   nicht annimmt,
   der hat schon seinen Richter in sich:
   das Wort, das ich gesprochen,
   wird ihn am letzten Tage richten.

49 Denn seht: Ich habe nicht aus mir geredet;
   der Vater,
   der mich gesandt, gebot mir, was ich sagen
   und reden sollte.
50 Ich weiß, dass sein Gebot
   der Zeitenkreise ewig' Leben ist.
   Was ich auch immer rede:
   Ich rede, wie es mir der Vater
   gesagt.

Kapitel 13

2. Teil
Passion und Auferstehung

13.

Das letzte Abendmahl

Die Fußwaschung

1 Doch vor dem Passahfest,
da wusste Jesus,
dass seine Stunde
gekommen war, dass er hinübergehe
aus dieser Welt zum Vater.
Wie er die Seinen in der Welt geliebt,
so liebt er sie bis an das Ende.

2 Beim Abendmahl, da hatte
der Teufel schon dem Sohn des Simon,
Judas Iskariot,
ins Herz gegeben,
ihn zu verraten.
3 Es wusste aber Jesus,
dass ihm der Vater alles in die Hände
gelegt, und dass er, ausgegangen
von Gott, nun wiederkehre
zu Gott.
4 Da steht er auf vom Mahl,
legt ab die Oberkleidung,
umgürtet sich mit einem Schurz,
5 gießt Wasser in ein Becken und beginnt,

*den Jüngern
die Füße
zu waschen*
und abzutrocknen mit dem Schurz,
der ihn umgab.
6 Als er zu Simon Petrus kam,
fragte ihn dieser:
Herr, du willst mir die Füße waschen?
7 Jesus antwortete und sprach zu ihm:
Was ich jetzt tue: du
begreifst es nicht. Erst später
wirst du verstehen.
8 Petrus entgegnete:
In alle Ewigkeit
sollst du mir nicht die Füße waschen!
Jesus antwortete:
Und wasche ich dich nicht,
hast du nicht Teil an mir.
9 Drauf sagte Simon Petrus
zu Ihm:
Herr, nicht die Füße nur,
die Hände auch, den Kopf!
10 Und Jesus sprach zu ihm:
Wer sich gereinigt hat,
bedarf nur noch der Fußwaschung:
So ist er dann ganz rein.
Rein seid ihr,
wenn auch nicht alle.
11 Ja,
er wusste,
wer ihn verriet. Darum das Wort:
Rein seid ihr,
wenn auch nicht alle.

12 Als er nun ihre Füße
   gewaschen hatte,
   warf er die Oberkleidung über
   und legte sich erneut zu Tisch
   mit diesen Worten:
   Versteht ihr
   Was ich für euch getan?
13 Ihr nennt mich Herr und Meister und mit Recht;
   Ich bin es.
14 Wenn ich nun euch die Füße
   gewaschen habe,
   als Herr und Meister,
   so sollt auch ihr einander
   die Füße waschen.
15 Ein Vorbild habe ich gegeben,
   damit ihr tut, wie ich an euch getan.
16 Wahr ist das Wort:
   Es ist der Knecht nicht größer als sein Herr,
   und der Gesandte
   nicht größer als der ihn gesandt.
17 Dies wisst ihr nun. Und selig seid ihr,
   wenn ihr auch danach handelt.

18 Nicht von euch allen rede ich.
   Wer von mir auserwählt, ist mir bewusst.
   Doch wird die Schrift erfüllt:
   Wer isst von meinem Brot,
   tritt mich mit Füßen.

19 Ich rede jetzt, bevor es noch geschieht,
   damit ihr glaubt, wenn es geschieht:
   Ich bin.
20 Wahr ist das Wort:
   Wer aufnimmt, den ich sende,

der nimmt mich auf.
Und wer mich einlässt,
lässt ein auch den, der mich gesandt.

Die Bezeichnung des Verräters

21 Nachdem nun Jesus dies gesagt,
ward er im Geist erschüttert,
bezeugte, und er sprach:
Wahr ist das Wort:
Von euch wird einer mich verraten.
22 Die Jünger sahen einander an,
ratlos: Wen meinte er?
23 Und einer von den Jüngern,
den Jesus liebte,
der lag bei Tisch an Jesu Brust.
24 Diesem gab Simon Petrus einen Wink
zu fragen, wer es sei, von wem er rede.
25 Und jener schmiegt sich an die Brust
des Herrn und fragt ihn: Herr,
wer ist es?
26 Jesus antwortet:
Der ist es, dem ich diesen Bissen
eintauche und dann geben werde.
Er taucht den Bissen ein,
nimmt ihn und gibt ihn Judas,
dem Sohn Simons Iskariot.
27 Und nach dem Bissen fuhr der Satan in ihn.
Da sagte Jesus ihm:
Was du im Sinn hast, tue bald!
28 Wozu er ihm dies sagte, das verstand
niemand von denen, die zu Tische lagen.

29 Einige meinten, weil
   Judas den Beutel trug,
   sagte ihm Jesus: Kaufe,
   was noch zum Feste nötig, oder:
   Gib etwas an die Armen.
30 Nachdem er nun den Bissen
   genommen hatte,
   ging er alsbald hinaus.
   Nacht war hereingebrochen.

Die Abschiedsreden

Das Gebot der Liebe

31 Als er hinausgegangen war,
   da sagte Jesus:
   Jetzt ist der Menschensohn verklärt,
   und Gott ist offenbart in ihm.
32 Wenn Gott ist offenbart in ihm,
   wird ihn auch Gott in sich verklären:
   Er wird ihn jetzt verklären.
33 Kinder,
   nur kurze Zeit noch bin ich bei euch.
   Dann werdet ihr mich suchen.
   Und wie ich zu den Juden sprach:
   Wohin ich gehe,
   könnt ihr nicht hingelangen,
   jetzt sage ich es euch.

34 Euch gebe ich ein neu Gebot:
   Liebet einander, wie ich euch geliebt,
   auf dass auch ihr einander liebt.

35 Als meine Jünger werdet ihr erkannt,
   wenn Liebe waltet unter euch.

Die Ankündigung von Petri Verleugnung

36 Und Simon Petrus sprach zu ihm:
   Herr, wohin gehst du?
   Jesus antwortete:
   Wohin ich gehe,
   kannst du mir jetzt nicht folgen.
   Später jedoch folgst du mir nach.
37 Und Petrus sagte: Herr,
   warum kann ich dir jetzt nicht folgen?
   Mein Leben will ich für dich geben.
38 Jesus antwortete:
   Dein Leben willst du für mich geben?
   Wahr ist das Wort:
   Nicht eher kräht der Hahn,
   als du mich dreimal
   verleugnet hast.

14.

Viele Wohnungen

1 Euer Herz erschrecke nicht!
  Glaubet an Gott und glaubt an mich!
2 *Im Hause meines Vaters*
  sind viele Wohnungen.
  Wenn nicht, hätt' ich euch wohl gesagt:

Ich gehe,
euch eine Stätte zu bereiten?
3 Und wenn ich gehe,
euch eine Stätte zu bereiten,
werde ich wiederkommen und
euch zu mir nehmen,
damit auch ihr seid, wo ich bin.
4 Wohin ich gehe:
Ihr wisst den Weg.

Der Weg zum Vater

5 Da sagte Thomas:
O Herr, wir wissen nicht, wohin du gehst,
wie können wir den Weg erkennen?
6 Zu ihm sprach Jesus:
Ich bin der Weg, die Wahrheit und das Leben.
Es kommt niemand zum Vater, denn durch mich.
7 Habt ihr erst mich erkannt,
dann werdet ihr auch meinen Vater kennen.
Jetzt kennt ihr ihn,
denn ihr habt ihn gesehen.

Vater und Sohn

8 Philippus wandte sich an ihn:
Herr, zeige uns den Vater,
das sei genug.
9 Und Jesus sprach zu ihm:
So lange schon bin ich bei euch,
und du, Philippus,
hast mich noch nicht erkannt?

*Wer mich gesehen hat,
der hat gesehen
den Vater.*
Wie sagst du: Zeige uns den Vater?
10 Du glaubst nicht, dass ich bin
im Vater – und in mir
der Vater ist?
Die Worte,
die ich euch sage,
die rede ich nicht aus mir selbst.
Der in mir bleibende, der Vater
wirkt seine Werke.
11 Glaubt mir, dass ich im Vater bin,
der Vater in mir ist!
Wenn nicht, so glaubt den Werken!
12 Wahr ist das Wort:
Wer an mich glaubt, wird meine Werke tun,
und größere, weil ich zum Vater gehe.
13 Worum ihr bitten werdet
in meinem Namen,
ich will es tun, damit der Vater
im Sohn wird offenbar.
14 Worum ihr mich
in meinem Namen bittet: Ja,
ich will es tun.
15 Wenn ihr mich liebt, dann haltet ihr
meine Gebote.

KAPITEL 14

Der Geist der Wahrheit als anderer Helfer

16 Ich will den Vater bitten,
dass er euch einen *andern Helfer* sende,
der bei euch sei in Ewigkeit:
17 den *Geist der Wahrheit.*
Die Welt, sie kann ihn nicht empfangen,
sie sieht ihn nicht und kennt ihn nicht.
Ihr werdet ihn erkennen, denn
er bleibt bei euch,
und in euch wird er sein.
18 Nicht lasse ich euch hier verwaist zurück,
ich komme zu euch.

Liebe und Offenbarung Christi

19 Noch eine kleine Weile,
dann wird die Welt mich nicht mehr sehen.
Ihr aber seht mich, denn
ich lebe, und auch ihr,
ihr werdet leben.
20 An jenem Tag,
da werdet ihr erkennen,
dass ich in meinem Vater bin,
ihr aber seid in mir,
ich bin in euch.
21 Wer mein Gebot hält, liebt mich.
Und wer mich liebt,
den wird mein Vater lieben.
Ich liebe ihn,
und offenbaren werde ich mich ihm.
22 Judas, nicht der Iskariot, sagte zu ihm:

Was ist geschehen,
dass du dich uns und nicht der Welt
willst offenbaren?
23 Jesus antwortete und sagte ihm:
Wer mich liebt, hält mein Wort
und ihn wird auch mein Vater lieben.
Wir werden zu ihm kommen
und Wohnung bei ihm nehmen.
24 Wer mich nicht liebt, hält nicht mein Wort.
Das Wort, das ihr vernehmt,
ist nicht von mir;
es ist von Ihm, der mich gesandt.
25 Dies habe ich zu euch gesprochen,
solange ich noch bei euch war.

Die Erinnerung des Geistes

26 *Der Paraklet* jedoch,
der Heilige Geist,
den senden wird der Vater
in meinem Namen:
*Er wird euch alles lehren, alles erinnern,
was ich zu euch gesprochen.*

Frieden im Abschied

27 Ich lasse euch den Frieden.
Den Frieden meines Wesens nehmt!
Doch gebe ich ihn nicht nach Art der Welt.
Erschrecke nicht
und nicht verzage euer Herz!
28 Ihr habt gehört, was ich zu euch gesprochen:

Ich gehe hin und kehre wieder.
Wenn ihr mich liebt,
dann seid erfreut,
dass ich zum Vater gehe.
Denn größer ist der Vater.
29 Ich habe es gesagt,
bevor es noch geschieht,
damit, wenn es geschieht, ihr glaubt.
30 Viel kann ich nicht mehr mit euch reden.
Es kommt der Fürst der Welt. An mir
findet er nichts;
31 doch es geschieht, damit die Welt erkennt:
Ich liebe
den Vater und ich handle,
wie mir der Vater
geboten hat.
Erhebt euch, lasst uns gehen, fort von hier.

15.

Weinstock und Reben

1 *Ich bin der wahre Weinstock.*
2 Weingärtner ist mein Vater. Jede Rebe
an mir, die keine Frucht trägt,
nimmt er hinweg und jede,
die Frucht trägt, reinigt er,
damit sie noch mehr Früchte trage.
3 Ihr seid schon rein des Wortes wegen,
das ich zu euch gesprochen habe.

4 Bleibt ihr in mir,
   dann bleibe ich in euch.
   Der Rebe gleich,
   die nicht aus sich kann Früchte tragen,
   wenn sie nicht bleibt am Weinstock, so auch ihr,
   wenn ihr nicht bleibt in mir.
5 *Ich bin der Weinstock. Ihr die Reben!*
   Wer in mir bleibt, wie ich in ihm,
   der trägt viel Frucht;
   doch ohne mich könnt ihr nichts tun.
6 Wer nicht in mir bleibt, der
   wird ausgeworfen, wie
   die Rebe, die verdorrt,
   und aufgehoben, dann ins Feuer
   geworfen wird; und sie verbrennt.
7 Doch wenn ihr bleibt in mir
   und meine Worte
   bewahrt,
   dann wird, was ihr erstrebt,
   um was ihr bittet, euer.
8 So wird mein Vater offenbar:
   Tragt viele Früchte
   und werdet meine Jünger!
9 Wie mich der Vater liebt, so liebe
   ich euch.
   Und bleibt in meiner Liebe!
10 Folgt meiner Weisung, dann
   bleibt ihr in meiner Liebe,
   wie ich der Weisung meines Vaters folge,
   bleibend in seiner Liebe.
11 Dies habe ich zu euch gesprochen,
   dass meine Freude in euch sei
   Erfüllung eurer Freude.

Kapitel 15

Freundschaft und Liebe

12 Und dies ist meine Weisung:
    Liebet einander, wie ich euch geliebt.
13 Größere Liebe gibt es nicht,
    als für die Freunde
    sein Leben geben. *Ihr*
14 *seid meine Freunde,*
    wenn ihr nach meiner Weisung handelt.
15 Euch nenne ich jetzt nicht mehr Diener,
    weil Diener
    nicht wissen, was der Herr verhandelt.
    Genannt hab' ich euch Freunde,
    weil ich euch alles kundgetan,
    was ich von meinem Vater
    gehört.
16 Nicht ihr habt mich erwählt;
    ich habe euch erwählt.
    So geht und traget Frucht!
    und eure Frucht soll währen,
    damit der Vater
    euch gibt, worum ihr bitten werdet
    in meinem Namen.
17 Ich gebe euch die Weisung:
    Liebet einander.

Der Hass der Welt

18 Und wenn die Welt euch hasst, seid eingedenk:
    Sie hat mich eher
    als euch gehasst.
19 Kämet ihr aus der Welt:

Die Welt würde das Eigne lieben.
Doch stammt ihr nicht aus dieser Welt,
denn ich hab' euch erwählt aus ihr.
Darum hasst euch die Welt.
20 Denkt an das Wort,
das ich zu euch gesprochen habe:
Es ist der Knecht nicht größer als der Herr.

Sie haben mich verfolgt,
so werden sie auch euch verfolgen.
Und haben sie mein Wort gehalten,
dann halten sie auch euer Wort.
21 Doch wird geschehen alles
um meines Namens willen, weil
sie den nicht kennen,
der mich gesandt.
22 Wäre ich nicht gekommen
und hätte ihnen nichts gesagt,
dann wären sie auch hierin ohne Sünde.
Jetzt haben sie die Sünde
ohne Entschuldigung.
23 Und wer mich hasst, der hasst auch meinen Vater.
24 Hätte ich unter ihren Augen
die Werke nicht getan,
die doch kein anderer vermöchte,
dann wären sie auch hierin ohne Sünde.
Nun haben sie die Werke
gesehen, und sie haben mich gehasst,
gehasst auch meinen Vater.
25 Und es geschieht, damit erfüllt wird
das Wort, das im Gesetz geschrieben steht:
Grundlos
haben sie mich gehasst.

Kapitel 15

Der bezeugende Geist

26 Wenn dann *der Helfer* kommt,
   der Geist,
   den ich euch senden werde
   vom Vater,
   der Geist der Wahrheit, der vom Vater ausgeht:
   Er wird mein Sein bezeugen.
27 Auch ihr bezeugt es, denn
   ihr seid bei mir
   von Urbeginn.

16.

1 Dies habe ich zu euch gesprochen,
  damit ihr nicht in Sünde fallt.
2 Man wird euch aus der Synagoge
  vertreiben. Ja,
  es kommt die Stunde,
  da sie euch töten werden
  und meinen, damit Gott zu dienen.
3 Sie tun es,
  weil sie den Vater nicht,
  nicht mich erkannt.
4 Doch habe ich es euch gesagt,
  damit, wenn nun die Stunde kommt,
  ihr euch an meine Worte
  erinnert.
  Ich habe es nicht gleich zu Anfang
  gesagt; denn ich war bei euch.
5 Jetzt aber gehe ich zu dem,

der mich gesandt,
und niemand von euch fragt, wohin:
wo gehst du hin?
6 Und weil ich dies zu euch gesprochen,
erfüllt der Jammer euer Herz.

Der Geist der Unterscheidung

7 Ich sage euch die Wahrheit:
Ich gehe fort,
für euch ist es nur gut.
Wenn ich nicht gehe, wird *der Helfer,*
der Geist nicht zu euch kommen.
Wenn ich hinscheide,
will ich ihn senden
8 zu euch. Und wenn er kommt,
wird er die Welt der Sünde überführen.
Er kündet Recht und das Gericht.
9 Zunächst die Sünde:
Sie glauben nicht an mich.
10 Dann die Gerechtigkeit:
Ich gehe
zum Vater;
und ihr werdet mich nicht mehr sehen.
11 Nun das Gericht:
Gerichtet ist der Herrscher dieser Welt.

Der prophetische Geist der Verklärung

12 Noch vieles hab' ich euch zu sagen;
ihr aber könnt es jetzt nicht tragen.

13 Wenn aber jener kommt,
   der Geist der Wahrheit,
   führt er euch in die volle Wahrheit.
   Er wird nicht reden aus sich selbst;
   Er wird nur reden, was er hört.
   Das Kommende wird er euch künden.
14 *Verklären wird er mich,*
   und seht: Er nimmt von mir, was er euch kündet.
15 Denn alles, was der Vater hat, ist mein.
   Darum hab ich gesagt:
   Er nimmt von mir,
   was er euch kündet.

16 Noch eine kleine Weile
   dann seht ihr mich nicht mehr;
   und wieder eine kleine Weile,
   dann werdet ihr mich sehen.

Fragen der Jünger

17 Da sprachen einige der Jünger
   untereinander: Was
   soll es bedeuten, wenn er zu uns spricht:
   noch eine kleine Weile,
   dann seht ihr mich nicht mehr;
   und wieder eine kleine Weile,
   dann werdet ihr mich sehen und:
   Ich gehe
   zum Vater?
18 Und dann:
   was hat es zu bedeuten, wenn er spricht:
   Noch eine kleine Weile?

Wir verstehen seine Rede nicht.
19 Und Jesus merkte,
dass sie ihn fragen wollten.

Wahre Freude

Da sagte er zu ihnen:
Vermutet ihr nun dies und das,
dass ich gesagt:
noch eine kleine Weile,
dann seht ihr mich nicht mehr,
und wieder eine kleine Weile,
dann werdet ihr mich sehen?
20 Wahr ist das Wort:
Weinen und klagen werdet ihr,
der Welt ist es genehm.
Ihr seid bekümmert,
und euer Kummer wird in Freude
verwandelt.
21 Die Frau, wenn sie gebiert, hat Schmerzen,
weil ihre Stunde
gekommen ist.
Und wenn sie dann das Kind geboren hat,
denkt sie nicht mehr an jene Drangsal
der Freude wegen, dass ein Mensch
zur Welt gekommen ist.
22 Drangsal habt nun auch ihr;
doch ich werde euch wiedersehen.
Und herzlich werdet ihr euch freuen;
und diese Freude wird euch niemand nehmen.
23 Mich werdet ihr an jenem Tag
nichts fragen.

Wahr ist das Wort:
Wenn ihr den Vater
um etwas bittet,
in meinem Namen, Er
wird es euch geben.
24 Bis jetzt habt ihr noch nichts erbeten
in meinem Namen; bittet,
so werdet ihr empfangen,
denn eure Freude soll vollkommen sein.

Nicht mehr in Bildern

25 In Bildern habe ich zu euch gesprochen;
Es kommt die Stunde,
wo ich nicht mehr in Bildern zu euch rede,
vielmehr ganz offen
den Vater
verkünden werde.
26 An jenem Tag werdet ihr bitten,
in meinem Namen;
und ich verspreche nicht,
dass ich den Vater bitten werde
für euch; denn er,
27 er selbst, der Vater,
er liebt euch, weil ihr mich geliebt
und habt geglaubt,
dass ich bin ausgegangen
von Gott.

28 Vom Vater bin ich ausgegangen
und in die Welt gekommen.
Und nun verlasse ich die Welt
und gehe hin zum Vater.

29 Da sagten seine Jünger: Siehe,
   jetzt sprichst du offen
   und nicht mehr nur in Bildern.
30 Wir wissen, du weißt alles, fraglos;
   und darum glauben wir:
   Du bist
   aus Gott hervorgegangen.
31 Jesus antwortete:
   Jetzt glaubt ihr? Siehe,
32 es kommt die Stunde, und sie ist schon da:
   Ihr werdet
   zerstreut, ein jeder geht für sich,
   und mich lasst ihr allein.
   Doch bin ich nicht allein,
   der Vater ist bei mir.
33 Dies habe ich gesagt,
   damit ihr Frieden habt
   in mir.
   Angst habt ihr in der Welt,
   doch seid getrost:
   ich habe diese Welt besiegt.
   So sprach er, Jesus.

17.

Das Gebet des Lichtes und der Liebe

1 Da hob er seine Augen auf zum Himmel
  und sprach:
  Vater, die Stunde ist gekommen.

2 Verkläre deinen Sohn,
   damit der Sohn dich offenbare,
   im Lichtglanz,
   wie du ihm über alles Fleisch
   die Wesensmacht gegeben hast,
   damit er allen,
   die du ihm anvertraut,
   das ewige Leben gebe.
3 *Dies aber ist das ewige Leben: dich erkennen,*
   den einen wahren Gott, und den,
   den du gesandt hast, Jesus Christus.

4 Auf Erden habe ich dich offenbar gemacht,
   in dem ich nun das Werk vollende,
   das du zu tun mir aufgegeben hast.
5 Und jetzt, Vater, verkläre mich
   mit jenem Glanz, der mir zu eigen,
   im Sein bei dir
   bevor die Welt entstand.

6 Ich habe deinen Namen
   geoffenbart den Menschen dieser Welt,
   die du mir anvertraut.
   Dein waren sie, gegeben
   hast du sie mir, dein Wort bewahrten sie.
7 Jetzt haben sie erkannt:
   Von dir stammt alles,
   was du mir übereignet hast.
8 Die Worte, die du mir gegeben hast:
   ich gab sie ihnen.
   Sie haben sie ergriffen und in Wahrheit erkannt,

dass ich aus dir hervorgegangen bin.
Sie glauben: Du hast mich gesandt.

9 Ich bitte nun für sie, nicht für die Welt.
Ich bitte für die Menschen,
die du mir anvertraut:
denn sie sind dein;
10 und alles Mein ist dein
das Deine mein.
Ich bin verklärt in ihnen.

11 Ich bin nicht mehr in dieser Welt.
Sie aber sind es, und ich komme
zu dir.
Heiliger Vater,
bewahre sie in deinem Namen,
den du mir hast gegeben:
sie seien eins
wie wir.

12 Als ich bei ihnen war,
da hab' ich sie beschützt in deinem Namen,
den du mir hast gegeben.
Ich habe sie behütet
und niemand ging verloren –
außer dem einen: des Verderbens Sohn –
damit die Schrift erfüllet werde.
13 Jetzt gehe ich zu dir, und künde dies
noch in der Welt,
damit sie meine Freude haben:
vollkommen, in sich selbst.

14 Gegeben hab' ich ihnen
dein Wort.
Die Welt hat sie gehasst,

weil sie nicht von der Welt sind,
wie ich nicht von der Welt bin.
15 Nicht bitte ich, sie aus der Welt zu nehmen;
ich bitte,
dass du sie vor dem Bösen
bewahrst.
16 Sie sind nicht von der Welt,
wie ich nicht von der Welt bin.
17 Heilige sie in Wahrheit! *Wahrheit ist*
Dein Wort.
18 Wie du mich in die Welt gesandt,
so sende ich sie in die Welt.
19 Ich heilige mich selbst für sie.
So sind auch sie geheiligt in der Wahrheit.

20 Nicht nur für jene bitte ich:
auch für die Menschen,
die an mich glauben durch ihr Wort.
21 Sie alle seien eins,
wie du, Vater,
in mir und ich in dir,
sie seien auch in uns,
damit die Welt es glaubt:
Du
hast mich gesandt.

22 Mit jenem Lichtglanz, den du mir gegeben,
habe ich sie umhüllt,
damit sie einig seien,
so eins wie wir,
23 in ihnen ich und du in mir,
damit in Einheit sie vollendet werden:
Die Welt erkenne, dass du mich gesandt,
dass du die Meinen liebst wie mich.

24 Du, Vater, hast sie mir gegeben, und
dies ist mein Wille: Wo
ich bin,
sollen sie bei mir sein, damit sie sehen
den Lichtglanz, den du mir gegeben.
Denn du hast mich geliebt
schon vor dem Niederwurf der Welt.

25 Gerechter Vater,
diese Welt:
sie hat dich nicht erkannt;
ich aber kenne dich, und jene
haben erkannt:
Du
hast mich gesandt.

26 Verkündet hab' ich deinen Namen, und
ich werde ihn verkünden,
damit die Liebe, die uns eint,
in ihnen ist
und ich in ihnen bin.

18.

Die Passion

Die Gefangennahme

1 Nachdem er so gesprochen hatte,
ging Jesus
hinaus mit seinen Jüngern, über
den Kidronbach, in einen Garten, Er
und seine Jünger.

2 Aber auch Judas,

KAPITEL 18

    der ihn verriet, kannte den Ort,
    weil Jesus sich dort oft mit seinen Jüngern
    versammelt hatte.
3   Und Judas kam dort hin,
    er selbst, Soldaten
    und Knechte,
    die ihm die Oberpriester und die Pharisäer
    gegeben hatten.
    Laternen trugen sie, Fackeln und Waffen.

4   Und Jesus wusste,
    was über ihn hereinbrach,
    trat vor und sprach zu ihnen:
    Wen suchet ihr?
5   Sie antworteten ihm:
    Jesus, den Nazoräer.
    Er sprach zu ihnen:
    Ich bin.
    Auch Judas, der Verräter, stand dabei.
6   Und als er nun zu ihnen
    gesprochen hatte:
    Ich bin,
    da wichen sie zurück und fielen
    zu Boden.
7   Und wieder fragte er:
    Wen suchet ihr?
    Sie aber sagten:
    Jesus, den Nazoräer.
8   Jesus antwortete:
    Ich habe euch gesagt:
    Ich bin.
    Wenn ihr mich sucht,
    so lasset diese gehen.

9 Damit das Wort erfüllet werde,
das er gesprochen hatte: Keinen
von denen, die du mir gegeben,
ließ ich verloren gehen.

10 Und Simon Petrus trug ein kurzes Schwert,
zog es und schlug den Knecht des hohen Priesters:
Das rechte Ohr schlug er ihm ab.
Der Name jenes Knechtes
war Malchus.
11 Da sagte Jesus
zu Petrus:
Das Schwert steck in die Scheide!
Soll ich den Kelch nicht trinken,
den mir der Vater gab?

Jesus vor Hannas und Kaiphas. Petri Verleugnung

12 Und die Soldaten,
der Oberst und die Knechte
der Juden: sie ergriffen Jesus,
fesselten ihn
13 und führten ihn zuerst zu Hannas.
Das war der Schwiegervater
des Kaiphas, der in diesem Jahr
der Hohepriester war.
14 Und Kaiphas war es, der den Juden
geraten hatte, es sei besser, *ein* Mensch
sterbe für's Volk.
15 Es folgten Jesus Simon Petrus und
ein andrer Jünger.
Der Jünger war bekannt dem Hohenpriester
und ging mit Jesus in den Hof.

KAPITEL 18

16 Petrus stand draußen vor der Tür.
   Da kam der andre Jünger, der Bekannte
   des Hohenpriesters, wieder
   heraus, sprach mit der Hüterin der Tür
   und ließ Petrus hinein.
17 Da wandte sich die Magd, die Hüterin,
   an Petrus:
   Bist du nicht auch ein Jünger dieses Menschen?
   Er antwortete:
   Ich nicht.
18 Die Knechte und die Diener hatten
   ein Kohlenfeuer angefacht
   und standen so herum.
   Sie wärmten sich, denn es war kalt.
   Auch Petrus stand bei ihnen
   und wärmte sich.

19 Der Hohepriester
   befragte Jesus über seine Jünger
   und über seine Lehre.
20 Jesus antwortete:
   Ich habe öffentlich zur Welt geredet.
   Ich habe immer
   in Synagogen und im Tempel
   gelehrt, wo alle Juden sich versammeln.
   Verborgen
   habe ich nicht gesprochen.
21 Warum befragst du mich?
   Frag jene, die gehört,
   was ich zu ihnen
   geredet habe.
   Sie müssen wissen, was ich sagte.
22 Nachdem er so gesprochen hatte, schlug

ein Diener, der daneben stand,
Jesus ins Antlitz, und er sagte:
So gibst du Antwort
dem Hohenpriester?
23 Jesus erwiderte:
Habe ich falsch gesprochen, dann bezeuge
die Falschheit!
Wenn aber gut, was schlägst du mich?
24 Da sandte ihn, gefesselt, Hannas
zum Hohenpriester Kaiphas.

25 Und Simon Petrus stand
noch immer da und wärmte sich.
Da sagten sie zu ihm:
Bist du nicht auch sein Jünger?
Er leugnete und sprach:
Ich nicht!
26 Da sagte einer von den Knechten
des Hohenpriesters, ein Verwandter dessen,
dem Petrus abgeschlagen hatte
ein Ohr:
Hab' ich dich nicht bei ihm gesehn, im Garten?
Und Petrus leugnete erneut.
Da krähte
der Hahn.

Vor Pilatus

28 Sie führten Jesus
von Kaiphas ins Praetorium.
Es war zur Morgenfrühe;
sie selber aber gingen

nicht mit hinein, um nicht unrein zu werden.
wegen des Passah-Mahls.
29 Da trat Pilatus vor und sprach zu ihnen:
Wie lautet eure Klage,
was werft ihr diesem Menschen vor?
30 Sie antworteten ihm:
Wenn dieser da nichts Schlimmes täte,
dann hätten wir ihn dir nicht übergeben.
31 Da sprach Pilatus:
So nehmt ihn hin und richtet ihn
nach dem Gesetz!
Die Juden aber sagten:
Es ist uns nicht erlaubt, zu töten.
32 Damit wurde das Wort Jesu erfüllt,
mit dem er einst andeutete,
durch welchen Tod er sterben werde.

33 Pilatus
ging wieder ins Praetorium,
rief Jesus, und befragte ihn:
Du bist der Juden König?
34 Jesus antwortete:
Sagst du es von dir selbst?
Haben es andere von mir gesagt?
35 Pilatus entgegnete:
Bin ich ein Jude?
Dein Volk und euer Hohepriester haben
dich überstellt. Was tatest du?
36 Jesus antwortete:
Mein Reich ist nicht von dieser Welt.
Wär' es von dieser Welt,
dann würden meine Diener für mich kämpfen,
damit ich diesen Juden

nicht ausgeliefert würde.
Mein Reich ist nicht von hier.
37 Da sprach Pilatus:
Ein König aber bist du?
Jesus antwortete:
Du sagst es: Ich bin König.
Ich bin geboren und zur Welt gekommen
zu zeugen für die Wahrheit.
Wer aus der Wahrheit ist,
hört meine Stimme.
38 Pilatus fragte: Was ist Wahrheit?

Nach diesen Worten ging er wieder
hinaus und sagte zu den Juden:
Ich finde keine Schuld an ihm.
39 Es gibt jedoch
die Übereinkunft, einen freizulassen
am Passahfest.
Wollt ihr, dass ich den König
der Juden lasse frei?
40 Da schrien sie: Nicht diesen, Barrabas!
Der Barrabas, das war ein Räuber.

19.

Geißelung und Dornenkrönung

1 *Pilatus nahm nun Jesus*
und ließ ihn geißeln.
2 *Soldaten flochten eine Dornenkrone*
und setzten sie ihm auf das Haupt.
Sie hüllten ihn in einen Purpurmantel,
3 gingen dann auf ihn zu und sagten:

Gegrüßet seist du, König
der Juden!
und schlugen ihn ins Angesicht.

Ecce Homo

4 Da ging Pilatus wieder
nach draußen, und er sprach zu ihnen: Seht,
ich führe ihn heraus zu euch.
Ihr mögt begreifen:
Ich finde keine Schuld an ihm.
5 Da kam Jesus heraus:
mit seiner Dornenkrone und dem Purpurmantel.
Pilatus sprach zu ihnen:
Siehe, der Mensch!

Das Urteil

6 Und als die Oberpriester
und deren Knechte ihn erblickten,
da schrien sie:
Kreuzige, kreuzige!
Pilatus sprach zu ihnen:
So nehmet ihr ihn hin und kreuziget:
Ich finde keine Schuld an ihm.
7 Die Juden antworteten:
Wir haben ein Gesetz, wonach er sterben muss,
denn er hat sich zu Gottes Sohn gemacht.
8 Und als Pilatus dieses Wort gehört,
wuchs seine Furcht.
9 Und wieder ging er ins Praetorium
und fragte Jesus: Woher stammst du?
Doch Jesus gab ihm keine Antwort.

10 Pilatus sagte: Sprichst du nicht mit mir?
Weißt du denn nicht: ich habe Macht,
die Freiheit dir zu geben,
und Macht, dich kreuzigen zu lassen?
11 Jesus antwortete:
Du hättest keine Macht,
wenn es dir nicht von oben
gegeben wäre.
Der mich dir ausgeliefert hat,
trägt darum größere Schuld.
12 Und daraufhin wollte Pilatus ihm
die Freiheit geben. Doch die Juden schrien:
Wenn du ihn freilässt,
bist du der Freund des Kaisers nicht!
Wer sich zum König macht, der trotzt dem Kaiser!

13 Als nun Pilatus diese Worte hörte,
führte er Jesus vor
und setzte sich auf seinen Richterstuhl.
Lithóstrotos wurde der Platz genannt,
hebräisch: Gabbata.
14 Es war der Rüsttag
zum Passahfest, so um die sechste Stunde:
Mittag.

Er sagte zu den Juden:
Seht, euer König!
15 Da schrien sie: Weg mit ihm, hinweg!
Kreuzige ihn!
Pilatus sprach zu ihnen: Euern König
soll ich kreuzigen lassen?
Und es entgegneten die Oberpriester:
Nur einen König haben wir:

Den Kaiser!
16 Da übergab er ihnen Jesus,
dass er gekreuzigt werde.
Sie übernahmen Jesus.

Die Kreuzigung

17 *Er selbst, er trug sein Kreuz,*
und ging hinaus zur Schädelstätte,
– so ward der Ort genannt,
hebräisch: Golgatha.
18 *Da kreuzigten sie ihn,*
mit ihm noch zwei zu beiden Seiten,
Jesus inmitten.

19 Pilatus
ließ eine Tafel an dem Kreuz befestigen,
und darauf stand geschrieben:
Jesus, der Nazoräer,
König der Juden.
20 Und viele Juden lasen diese Inschrift, weil
der Ort, wo Jesus
gekreuzigt wurde, nahe
der Stadt gelegen war.
Sie war lateinisch,
hebräisch und auch griechisch
geschrieben.
21 Da wandten sich die Oberpriester
der Juden an Pilatus:
Schreib nicht «König der Juden», sondern:
Er hat gesagt «Ich bin König der Juden».
22 Pilatus gab zur Antwort:

Was ich geschrieben habe,
das habe ich geschrieben.

23 Als die Soldaten Jesus
gekreuzigt hatten,
nahmen sie seine Kleider
und machten draus vier Teile,
ein Stück für jeden. Dann
das Unterkleid: Es war
nahtlos, von oben an aus einem Stück gewirkt.

24 Da sprachen sie für sich: Lasst es uns nicht
zerteilen, sondern darum losen.
Es sollte sich die Schrift
erfüllen, die besagt:
Sie haben meine Kleider unter sich
verteilt, und über mein Gewand
das Los geworfen.
Das taten sie, die Schergen.

25 Beim Kreuze Jesu standen: seine Mutter,
die Schwester seiner Mutter,
Maria, die Frau des Klopas, und
Maria Magdalena.

26 Als Jesus
die Mutter sah und neben ihr
den Jünger, den er liebte,
sprach er zur Mutter: Frau,
siehe, dein Sohn!

27 Dann sagte er
zum Jünger: *Siehe, deine Mutter!*
Zur Stunde
nahm sie der Jünger zu sich.

28 Danach, als Jesus merkte,

es war vollbracht,
damit die Schrift vollendet werde,
sprach er:
Mich dürstet.
29 Da stand ein Krug mit Essig.
Sie nahmen einen Schwamm
und saugten ihn voll Essig,
steckten ihn auf ein Ysop-Rohr
und führten
den Schwamm an seinen Mund.
30 Als Jesus von dem Essig
genommen hatte, sprach er:

Es ist vollbracht.

Da neigte er sein Haupt
und übergab den Geist.

31 Es war der Rüsttag,
und dieser Sabbat war ein hohes Fest.
Damit die Körper nicht am Kreuz
über den Sabbat hängen blieben,
wandten die Juden
sich an Pilatus, dass die Beine
gebrochen und
die Körper abgenommen würden.

32 Da kamen sie, die Schergen,
und brachen
dem ersten beide Beine,
und so dem zweiten, der mit ihm
gekreuzigt wurde.
33 Als sie zu Jesus kamen, sahen sie:
Er war bereits gestorben.
Sie brachen seine Beine nicht.

34 Und dann stach einer der Soldaten ihn
   mit seiner Lanze in die Seite:
   Sogleich floss Blut und Wasser.

35 *Der es gesehen hat, bezeugt es.*
   Wahr ist sein Zeugnis.
   Er weiß, dass diese Wahrheit wirkt,
   auf dass auch ihr
   glaubt.
36 Denn es geschah,
   damit die Schrift sich nun erfülle:
   «Kein Bein sollt ihr ihm brechen.»
37 An andrer Stelle heißt es:
   «Den sie durchbohrten,
   werden sie schauen.»

Die Grablegung

38 Und Joseph von Arimathia,
   ein Jünger Jesu – wenn auch heimlich, denn
   er fürchtete die Juden –
   kam zu Pilatus mit der Bitte,
   dass er den Leichnam Jesu
   abnehmen dürfe. Und Pilatus
   erlaubte es. Da ging er hin,
   den Leichnam abzunehmen.
39 Es folgte Nikodemus,
   der vormals kam zu Jesus in der Nacht,
   und brachte eine Mischung
   aus Aloe und Myrrhen,
   rund hundert Pfund.
40 Sie nahmen

den Leichnam Jesu, hüllten ihn
in Leinentücher mit dem Wohlgeruch
der Salben, nach dem Brauch der Juden
zum Begräbnis.
41 Am Ort der Kreuzigung,
da gab es einen Garten
und in dem Garten eine neue Gruft:
Noch nie ward jemand dort hineingelegt.
42 *In dieses Grab legten sie Jesus;*
am Rüsttag – und das Grab war nah.

20.

Ostern: Die Auferstehung

Ostermorgen: Das leere Grab

1 Am ersten Tag der Woche kam
Maria Magdalena
früh morgens, noch im Dunkel,
zum Grab und sah,
dass man den Stein, der es verschloss,
hinweggewälzt.
2 Da lief sie schnell
zu Simon Petrus und dem *andern Jünger,
den Jesus liebte,*
und sprach: Sie haben unsern Herrn
aus jener Gruft genommen;
wir wissen nicht, wo sie ihn hingebracht.

3 Da gingen Petrus und *der andre Jünger*
hinaus zum Grab.
4 Sie liefen beide, und der andere

lief schneller
als Petrus, und der andre kam als Erster
5 zum Grab, beugte sich nieder
und sah die Tücher liegen.
Doch ging er nicht hinein.
6 Da kam auch Petrus,
der ihm gefolgt war,
und ging hinein in jene Gruft
und sah die Tücher liegen.
7 Das Schweißtuch,
mit dem sein Haupt bedeckt war, lag
gefaltet abseits von den Leinentüchern.
8 Da ging der *andre Jünger,* der
als Erster angekommen war,
in jene Gruft, und sah und glaubte.
9 Die heiligen Schriften hatten sie
noch nicht verstanden,
wonach er von den Toten auferstehen müsse.
10 Die Jünger kehrten fragend um.

Maria Magdalena schaut den Auferstandenen

11 Maria aber
stand außen vor dem Grab und weinte.
Sie bückte weinend sich hinein und sah
12 zwei Engel, weiß gewandet, in der Gruft.
Je einer saß
zu Häupten und zu Füßen, wo
der Leichnam Jesu
gelegen hatte.
13 Die Engel redeten sie an:
Frau, warum weinst du?

Maria Magdalena sagte:
Sie haben meinen Herrn hinweggenommen,
und ich weiß nicht, wo sie ihn hingelegt.

14 Nach diesen Worten wandte sie sich um
und sah:
Jesus stand hinter ihr.
Sie aber wusste nicht, dass er es war.

15 Und Jesus sprach zu ihr:
Frau, warum weinst du?
Wen suchst du?
Sie meinte wohl, es sei der Gärtner,
und sagte zu ihm: Herr,
wenn du ihn weggetragen hast,
so sage mir, wo du ihn hingelegt;
ich will ihn holen.

16 Und Jesus sprach zu ihr:
Maria!
Sie wandte sich nach innen
und sprach ihn auf Hebräisch an:
Rabbuni! Meister!

17 Und Jesus sprach zu ihr: Berühre
mich nicht!
Noch bin ich aufgefahren nicht
zum Vater! Geh
zu meinen Brüdern, sage ihnen:
Ich fahre auf
zu meinem Vater
und euerm Vater,
und meinem Gott
und euerm Gott.

18 Maria Magdalena ging,
verkündete den Jüngern: Ich

habe den Herrn gesehn,
und dann, was er zu ihr gesprochen hatte.

Der Auferstandene erscheint den Jüngern

19 Es war nun Abend
an jenem ersten Tag der Woche.
Und bei den Jüngern waren alle Türen
verschlossen:
Sie fürchteten die Juden.

Und Jesus kam:
Er trat in ihre Mitte
und sprach zu ihnen: Friede euch!
20 Und als er dies gesagt,
zeigte er ihnen
die Hände und die Seite.
Da freuten sich die Jünger,
als sie den Herrn
sahen,
21 und Jesus sagte wieder: Friede euch!
Wie mich der Vater hat gesandt,
sende ich euch.
22 Und als er dies gesagt,
da hauchte er sie an und sprach:
Empfangt heiligen Geist!
23 Wem ihr die Sünden
vergebt, dem seien sie vergeben.
Wem ihr sie lasst, dem bleiben sie.

Kapitel 20

Thomas – Der wahre Glaube

24 Thomas jedoch, einer der Zwölf,
   Zwilling genannt, war nicht dabei, als Jesus
   in ihrem Kreis erschienen war.
25 Und sie erzählten:
   Wir haben ihn gesehn, den Herrn.
   Er aber sprach:
   Und wenn ich nicht an seinen Händen
   das Mal der Nägel sehe,
   berühre mit den Fingern,
   und meine Hand in seine Seite lege,
   kann ich nicht glauben.

26 Und nach acht Tagen waren seine Jünger
   wieder beisammen;
   Thomas war unter ihnen.
   Und Jesus kam herein,
   bei fest verschlossnen Türen.
   Er trat in ihre Mitte,
   und sagte: Friede euch.
27 Dann sagte er zu Thomas:
   Zeig deinen Finger und sieh meine Hände,
   zeig deine Hand
   und lege sie in meine Seite.
   Sei nicht ungläubig: *glaube!*
28 Thomas antwortete und sprach zu ihm:
   Mein Herr, mein Gott!
29 Und Jesus sprach zu ihm:
   Nur weil du mich gesehen, glaubst du?

   Selig, wer nicht sieht
   und doch glaubt!

30 Noch viele andre Zeichen
   tat Jesus
   vor seinen Jüngern, Zeichen,
   die nicht in diesem Buch geschrieben stehen.
31 Diese jedoch sind aufgeschrieben,
   damit ihr glaubt, dass Jesus
   der Christus ist, der Sohn
   Gottes,
   damit im Glauben ihr *das Leben* habt,
   in seinem Namen.

21.

Epilog

Am See von Tiberias

1 Danach ward Jesus offenbar den Jüngern
  am See Genezareth-Tiberias.
  Und so geschah die Offenbarung:
2 Beisammen waren Simon Petrus
  und Thomas, den man Zwilling nennt,
  Nathanael von Kana
  in Galiläa, und die Söhne
  des Zebedäus, und zwei andre Jünger.
3 Da sprach zu ihnen Simon Petrus:
  Ich gehe fischen.
  Und ihre Antwort war:
  Wir gehen mit.
  So gingen sie hinaus, stiegen ins Boot,
  und in der Nacht fingen sie nichts.

4 Als dann der Morgen
 gekommen war, trat Jesus
 ans Ufer, und die Jünger wussten nicht,
 dass er es war.
5 Da sprach Jesus zu ihnen: Kinder,
 ihr habt wohl nichts zu essen, keinen Fisch?
 Sie antworteten: Nein.
6 Da sagte er zu ihnen: Werft
 die Netze aus zur Rechten;
 ihr werdet fündig.
 Da warfen sie die Netze aus,
 und kaum noch ziehen konnten sie die Netze,
 so voller Fische waren sie.
7 Da sprach *der Jünger,*
 den Jesus liebte,
 zu Petrus:
 Es ist der Herr.

 Als Simon Petrus hörte,
 es ist der Herr,
 da warf er sein Gewand
 über – denn er war unbekleidet –
 und sprang ins Wasser.
8 Die andern Jünger kamen
 im Boot. Sie waren
 nicht weit entfernt vom Land,
 etwa zweihundert Ellen.
 Das Netz mit Fischen zogen sie
 hinter sich her.
9 Als sie an Land gegangen waren,
 erblickten sie ein Kohlenfeuer,
 Fische darauf und Brot.

Das Morgenmahl

10 Und Jesus sprach zu ihnen:
   Bringt von den Fischen,
   die ihr gefangen habt.
11 Da ging Simon der Fels
   und zog das Netz an Land,
   gefüllt mit großen Fischen:
   einhundertdreiundfünfzig.
   Und trotz der großen Zahl: Das Netz riss nicht.
12 Und Jesus sprach zu ihnen: Kommt
   zum Morgenmahl!
   Und niemand von den Jüngern wagte es,
   zu fragen: Du, wer bist du?
   Sie wussten:
   Es ist der Herr.
13 Da nahm Jesus das Brot und gab es ihnen,
   danach den Fisch.
14 Dies war das dritte Mal,
   dass Jesus sich den Jüngern offenbarte,
   als auferstanden von den Toten.

Petrus und der Jünger, den Jesus liebte

15 Und dann, als sie gegessen hatten, sagte
   Jesus zu Simon Petrus:
   Simon, Sohn des Johannes,
   Liebst du mich mehr als jene?
   Und Petrus sprach zu ihm:
   Ja, Herr, du weißt, dass ich dich liebe.
   Und Jesus sagte: Weide meine Lämmer!
16 Und er

fragte zum zweiten Mal:
Simon, Sohn des Johannes, liebst du mich?
Er gab zur Antwort:
Ja, Herr, du weißt, dass ich dich liebe.
Und Jesus sagte: Hüte meine Schafe!

17 Und er
fragte zum dritten Mal:
Simon, Sohn des Johannes,
hast du mich lieb?
Da wurde Petrus traurig, weil
er ihn zum dritten Mal gefragt:
Hast du mich lieb? Und er
antwortete: Herr, alles weißt du,
du weißt, dass ich dich liebe.
Und Jesus sagte: Weide meine Schafe!

18 Wahr ist das Wort:
Als du noch jung warst,
hast du dich selbst gegürtet
und bist gewandelt,
wohin du wolltest.
Doch wenn du alt wirst,
streckst du die Hände aus:
ein andrer wird dich gürten
und führen,
wohin du nicht willst.

19 Das sagte er, um anzuzeigen,
durch welchen Tod er Gottes Licht und Kraft
bezeugen werde.
Und als er dies gesagt, sprach er zu ihm:
Folge mir nach!

20 Petrus wandte sich um
und sah den Jünger folgen,

den Jesus liebte, der sich während
des Mahls an seine Brust gelehnt
und der den Herrn gefragt: Wer ist es,
der dich verrät?
21 Als Petrus ihn erblickte,
da sagte er zu Jesus:
Was ist mit diesem, Herr?
22 Und Jesus sprach zu ihm:
Wenn *ich* will, dass er bleibe, bis ich komme,
was geht es dich an?
Du, folge mir.
23 Da kam die Rede auf
unter den Brüdern: Dieser Jünger
stirbt nicht.
Es hatte Jesus aber nicht gesagt:
Er stirbt nicht, sondern:
Wenn *ich* will, dass er bleibe, bis ich komme,
was geht es dich an?

24 Dies ist der Jünger,
der es bezeugt und aufgeschrieben hat,
wir wissen:
Sein Zeugnis
ist wahr.
25 Jesus hat noch weit mehr getan.
Und würde eines nach dem andern aufgeschrieben:
Die Welt, so meine ich, könnte die Bücher
nicht fassen, die zu schreiben wären.

Kommentar

> Wenn das Wort Fleisch anzieht, erscheint es im Habitus eines Menschen. Wenn es von den Toten aufersteht, dann zeigt es seine Kraft; denn es ist Gott.
>
> *Nikolaus von Kues*, Predigt CXXV

Nach Origenes (195–254) ist das Johannesevangelium der «Erstling (ἀπαρχή)» der vier kanonischen Evangelien, obwohl es als letztes (um 100) niedergeschrieben wurde; weil es vom Sohn Gottes handelt, der keine irdische Abstammung hat: «Keiner der anderen (Evangelisten) hat seine Göttlichkeit so vollkommen beschrieben wie Johannes.» (In Jo I, 4). Der Johanneskommentar des Origenes, ein Frühwerk, geschrieben im Alter von 33 Jahren, ist nur fragmentarisch überliefert. Er kann auch heute noch als richtungweisend erlebt werden.

Prolog

1 Ἐν ἀρχῇ ἦν ὁ λόγος, καὶ ὁ λόγος ἦν πρὸς τὸν θεόν, καὶ θεὸς ἦν ὁ λόγος.
2 οὗτος ἦν ἐν ἀρχῇ πρὸς τὸν θεόν.
3 πάντα δι᾽ αὐτοῦ ἐγένετο, καὶ χωρὶς αὐτοῦ ἐγένετο οὐδὲ ἕν. ὃ γέγονεν
4 ἐν αὐτῷ ζωὴ ἦν, καὶ ἡ ζωὴ ἦν τὸ φῶς τῶν ἀνθρώπων·
5 καὶ τὸ φῶς ἐν τῇ σκοτίᾳ φαίνει, καὶ ἡ σκοτία αὐτὸ οὐ κατέλαβεν.

1

1,1   *«Im» Anfang:* wörtlich «In». Vulgata: In principio erat Verbum. – Das Wort Logos hat drei Bedeutungsebenen: Der Logos ist, spricht und denkt – in der Einheit. Er ist wirkendes, gedankenkräftiges Wort: die Weisheit, die an der Seite Gottes thront (Sap 9, 4: «Gib mir die Weisheit, die an deiner Seite thront»). Goethe übersetzt: Wort, Sinn, Kraft, Tat. Im West-östlichen Diwan heißt es: «Ein göttlich Wort, es wirkt und trifft.» (Buch der Parabeln).

– *Das Wort* (Logos) ist der Christus, der Sohn Gottes, der *bei* Gott war. Der Evangelist geht vom Sohn aus, weil der Mensch über den Sohngott zu Gott, dem Vater, kommt.

– *Gott war das Wort*: Er ist es nicht mehr, denn er hat es ausgesprochen. Johannes denkt das Wort im Sein und im Werden personal. Vgl. Apk 19, 13: sein Name ist «Das Wort Gottes». – Ps 104, 24: «Herr, wie zahlreich sind deine Werke! Mit Weisheit hast du sie gemacht ...» – Vgl. auch Spr 8, 22 ff.: «Der Herr hat mich geschaffen im Anfang seiner Wege ...» – Das «Im Anfang war» ist absolut zu denken, das heißt: Es gab keine Zeit, in der das Wort nicht war. –

J. G. Fichte schreibt 1806 in seiner religionsphilosophischen Vorlesung (Anweisung zum seligen Leben) über den Anfang des Prologs: «Um dies in einer leicht zu behaltenden Form Ihnen zu geben und an schon geläufiges anzuknüpfen! – Schon zweimal haben wir die Johanneischen Worte: Im Anfang war das Wort u.s.w., in unsern, im unmittelbaren Gebrauche befindlichen Ausdruck umgesetzt: zuerst also: im Anfange und schlechthin bei dem Seyn war das Daseyn, sodann, nachdem wir die mannigfaltigen innern

Bestimmungen des Daseyns näher erkannt und dieses Mannigfaltige unter der Benennung Form zusammengefasst hatten, also: im Anfange, und schlechthin bei Gott oder dem Seyn, war die Form. Jetzt, nachdem wir das uns vorher für das wahre Daseyn geltene Bewusstseyn mit seiner ganzen mannigfaltigen Form nur als das Daseyn aus der zweiten Hand und die blosse Erscheinung desselben; das wahre aber und absolute Daseyn in seiner eigenthümlichen Form als Liebe erkennen: sprechen wir jene Worte also aus: im Anfange: höher denn alle Zeit und absolute Schöpferin der Zeit, ist die Liebe, und die Liebe ist in Gott, denn sie ist sein Sichselbsterhalten im Daseyn: und die Liebe ist selbst Gott, in ihr ist er und bleibet er ewig, wie er in sich selbst ist. Durch sie, aus ihr, als Grundstoff, sind vermittelst der lebendigen Reflexion alle Dinge gemacht, und ohne sie ist nichts gemacht, was gemacht ist; und sie wird ewig fort in uns und um uns herum Fleisch, und wohnt unter uns, und es hängt bloss von uns selbst ab, ihre Herrlichkeit, als eine Herrlichkeit des ewigen und notwendigen Ausflusses der Gottheit, immerfort vor Augen zu erblicken.» (Fichte: Werke, ed. I. H. Fichte. Berlin 1971, V, S. 542 f.).

1,3 Der Johannesprolog zeigt Anklänge an Heraklit, fr. 1; sowie Philo spec. leg. 81: «Denn das Abbild Gottes ist der göttliche Logos, durch den das Weltall geschaffen wurde.» Für die christlichen Väter war der Logos die schaffende Weisheit (Justin, Clemens, Origenes, Augustin, Thomas von Aquin u. a.). Vgl. auch Genesis: «Und Gott sprach ...», sowie EvTh, Log 77: «Das All ist aus mir hervorgegangen.» Diesen Zusammenhang hat Meister Eckhart hervorgehoben. Vgl. auch Sap 9, 1 und Hebr 1, 1–4.

1,4 *Quod factum est, in ipso vita erat (1, 3-4).* So auch BJ mit Clemens, Origenes, Irenäus u. a. Der Logos ist das Lebensprinzip der ganzen Schöpfung.

- *Das Leben war das Licht der Menschen.* «Such expressions would be entirely in place in a hermetic writing» (Dodd, 1963, S. 18). – Nikolaus von Kues, Predigt CXXVIII: «Das Licht ist das Denken, weil es das Wort oder der Logos ist, der jeden Menschen erleuchtet, der in diese Welt kommt.» – R. Steiner, 20. 5. 1908: Das Licht verhält sich zum Logos wie der Leib zur Seele. – Logos, Leben und Licht bezeichnen drei Stufen der Evolution. – Vgl. 8, 12 und 1 Jo 1, 1 – 2. – Christus verus Luciferus.

1,5 Die Väter haben zumeist interpretiert: Das Licht wurde von der Finsternis nicht überwältigt. Vulgata: «et tenebrae eam non comprehenderunt» – «Die Finsternis haben's nicht begriffen» (Luther, 1545); «ergriffen» (Luther, 1984). Mit ‹Finsternis› ist die Welt der Menschen gemeint («Erdbewohner», Apk). Vgl. 3, 19. 12, 34 ff. – Nikolaus von Kues, Predigt CXXIX: «Wie die Möglichkeit in der Dunkelheit, so liegt die Wirklichkeit im Licht.»

1,6 *Ein Mensch trat auf* – Ἐγένετο ἄνθρωπος. Gott sandte einen Menschen: den größten unter den von einer Frau geborenen, nach Mt 11, 11. Aber Mt betont auch , dass es wirklich ein Mensch war, denn «der Kleinste im Himmelreich ist größer als er». Er sandte ihn als «Vorläufer», vorauszudeuten auf den Kommenden, den Christus.

1,7 Der Anfang des Erdenwirkens des Logos wird von Johannes dem Täufer bezeugt; das Ende von Johannes dem Evangelisten. Diese Zeugnisse begründen den Glauben.

Zu Kapitel 1 – Prolog

1,8   Das Licht (φῶς) ist Christus, das Wort Gottes. Johannes bezeugt: Das Bezeugen der göttlichen Wahrheit ist «das Merkmal für die Erkenntnis dieser Wahrheit». (Thomas von Aquin: Prolog, 1986, S. 81). Auf das Bezeugen legt der Evangelist den größten Wert.

1,9   «In die Welt kommend» kann sich auch auf «Menschen» beziehen.

1,10 V. 9 führt V. 4 und V. 10 die VV. 3 und 5 weiter.

1,11 *Er kam ins Eigene.* Die Welt wurde vom Logos geschaffen und ist darum sein Eigentum.

—   *Die Seinen wiesen ihn ab.* Vgl. 1, 5. – 3, 19. – 5, 43. – 12, 37.

1,12 *Kinder Gottes.* Nach Bultmann, 1963, S. 37, stammt der Begriff der Gotteskindschaft aus der Mysterienreligion: «Gottes Kind (oder Sohn) ist der Mensch dann, wenn er in eine neue Existenz versetzt wird, sei es am Ende des jetzigen Äon, wenn Gott die Welt erneuert, sei es schon jetzt, dadurch dass der Mensch durch die Weihe des Mysteriums zum Sohne Gottes gemacht, neu ‹gezeugt› oder ‹geboren› wird.»

—   *Die an seinen Namen glauben.* Sein Name ist: Ich bin, Christus, der Sohn oder das Wort Gottes. Vgl. 3, 18 und Anm., auch 1 Jo 3, 23.

1,13 *Er ward gezeugt* – ὅς ... ἐγενήθη. Singular lesen BJ, Herder-Übersetzung (1992): «Er, der nicht aus dem Blute ...», Justin: Gespräch mit dem Juden Tryphon, 63, 2, Irenaeus: Haer. III, 19, 2, Tertullian: De Carne Christi, 19, und andere Väter; auch Nikolaus von Kues, Predigten, Band 3 (2007), CLXX; von neueren Forschern: Harnack, Loisy, Zahn, Seeberg, Spitta, Büchsel u.a. Alle griechischen Handschriften haben Plural, der sich auf die Gotteskinder bezieht (die aus Gott gezeugt sind). Syrische Handschriften aus dem 2. Jh. haben Singular, auch der lateinische Codex Veronensis, der vielleicht auf die alte syrische Tradition zurückgeht. Der Gedankengang erfordert den Bezug auf die Inkarnation des Logos bei der Jordantaufe (Loisy), die Johannes im Blick hat (ähnlich Markus: «Anfang des Evangeliums» und Lk 3, 22 D: «Mein Sohn bist du, heute habe ich dich gezeugt». «Gotteskinder» sind zwar «aus Gott», aber eben *auch* aus dem Fleisch, insofern es keinen Menschen ohne Sünde gibt. Die Neugeburt schließt den «alten Adam» nicht aus. «Nicht aus dem Blut, nicht aus dem Fleisch» kann nur von Christus gesagt werden. Vgl. 1 Jo 3, 9: «Wer aus Gott gezeugt ist, sündigt nicht, weil der Same Gottes in ihm bleibt. Er kann nicht sündigen insofern er aus Gott gezeugt ist.» – Hinzu kommt die Anbindung an 1, 14 – Vgl. die ausführliche Begründung des Singulars von J. Galot, 1969.

- *nicht aus dem Blut.* Von der Geburt aus der Jungfrau ist hier – wie im ganzen Johannesevangelium und in den Schriften des Paulus– nicht die Rede (mit Bultmann, Lauenstein u. a.). – Vgl. 8, 42.
- *nicht aus dem Fleisch.* Die Mehrzahl der Handschriften haben hier zusätzlich: «und nicht aus dem Begehren des Mannes». B und 17 haben den Zusatz nicht, auch fehlt er in vielen Zitaten der Kirchenväter. Er ist im Begriff «Fleisch» bereits enthalten und wohl eine spätere Ergänzung. Schnackenburg: «Es ist fraglich, ob die Dreigliedrigkeit ursprünglich ist.»

1,14 *Das Wort ward Fleisch* – ὁ λόγος σὰρξ ἐγένετο – *Verbum caro factum est.* – «Sarx sagt die volle Menschlichkeit an.» (R. Schnackenburg, 2001, 1, S. 243). «Der erste Ursprung des physischen Leibes ist das Wort.» (R. Steiner, 19. 5. 1908). Das Wort ist der ganze Mensch (M. Krüger, 2009). Die Fleischwerdung des Wortes erfolgte

Zu Kapitel 1 – Prolog

für Johannes und die frühe Christenheit mit der Taufe im Jordan durch Johannes (Vgl. V. 13, und: «Heute habe ich dich gezeugt.» Lk 3, 22 D). Das Fest (6. Januar) heißt Epiphanias – Das Erscheinen des Gottes. – Thomas von Aquin nennt die Inkarnation «gratia unionis», durch die der Mensch mit Gottes Sohn als Person vereinigt werden kann (Compendium, Kap. 214).

– *und wohnte unter uns – et habitabit in nobis.* Das «Wohnen» oder «Zelten» des Logos meint im Sinne des Johannes das Mysterium der Drei Jahre.
– *die Offenbarung seines Selbst.* Δόξα – Einheitsübersetzung: «Wir haben seine Herrlichkeit gesehen.»
– *des Eingeborenen vom Vater.* μονογενής – eingeboren: ohne Mitwirkung einer Mutter. Im griechischen Mythos ist dies in der Geburt der Athene aus dem Haupt des Göttervaters vorgebildet. Eingeboren oder Einziggeboren ist eine dem Johannes eigene Ausdrucksweise.
– *Anmut.* Charis: Das Gute und die Erkenntnis sind eins in der Gnade, die Anmut verleiht. – R. Steiner hat ‹Charis› mit ‹Hingabe› übersetzt (2. 12. 1906). – Christus selbst spricht nicht von Gnade. – Vgl. Paulus an die Epheser.

1,15 *voraus* hat hier auch die Bedeutung größerer Würde (Bultmann, Schnackenburg). Das Zeugnis des Johannes ist gegenwärtig zu denken.

1,16 *Fülle.* Johann Gottfried von Herder hat Pleroma als Urlicht gedeutet. – Die Verse 16 – 18 wurden gelegentlich als Worte des Täufers aufgefasst, sind aber doch wohl abschließende Worte des Evangelisten. Man könnte sich auch denken, dass sie von beiden gesprochen werden. Vgl. W.-U. Klünker, 2006, S. 94.
– *überfließt.* Martin Luther: Gnade um Gnade. – Das Wir steht für die Menschheit. – JB: «Eine Gnade ent-

sprechend der Gnade (welche im eingeborenen Sohn ist)». Thomas von Aquin spricht von überfließender Gnade, «durch die der menschgewordene Sohn Gottes die Menschen zu Göttern und Söhnen Gottes macht». (Compendium, Kap. 214). – Luther: «Gnade nämlich, die übergeht.» (1961, S. 66).

1,18 Vgl. Jes 45, 15. Aber Apk 22, 4: Die Seinen dienen ihm und schauen sein Angesicht.

– *Der Eingeborene.* μονογενὴς θεὸς ὁ ὤν. Vgl. 1, 14. – 3, 16. 18. – 1 Jo 4, 9.

– *im väterlichen Herzen.* Vater und Sohn sind in ihrer Beziehung aufeinander zwei, in ihrer Substanz aber eins. Vgl. 1, 1 (Gott ist bei Gott) und 20, 28 (Herr und Gott). – J. Ratzinger übersetzt: «der es uns ausgelegt, der an der Brust des Vaters ruht.» (Einführung, 1990, 31) – 1 Jo 5, 20 «Jesus Christus ... der wahrhaftige Gott und das ewige Leben.»

ZU KAPITEL 1

1.Teil: Zeichentaten
Der Anfang im Erdenwirken des Logos

Das Zeugnis Johannes des Täufers

Johannes der Täufer ist der Sohn des Priesters Zacharias und seiner Frau Elisabeth aus dem Geschlecht Aarons (Lk 1, 5), nur einige Monate älter als Jesus; denn Lukas berichtet von einem Besuch der schwangeren Maria bei Elisabeth: «Und es geschah: Als Elisabeth den Gruß der Maria hörte, da hüpfte das Kind in ihrem Leibe.» Im Jahre 28/29 begann er öffentlich zu wirken. Entsprechend der Vorhersage (Mal 3, 1) ging er dem Christus voraus, rief zur Umkehr auf und taufte.

1,19 *Leviten* – Tempeldiener (Nachkommen des Levi).
1,20 *Ich bin nicht der Messias.* Der Täufer hatte Anhänger, die ihn für den Messias hielten.
1,21 *Bist du Elias.* Die Frage setzt die Reinkarnationsidee voraus, die nach Origenes zur jüdischen Geheimlehre gehörte (In Jo VI, 12, 72).
– *Ich bin es nicht.* Mal 3, 23: «Bevor aber der Tag des Herrn kommt, / der große und furchtbare Tag, / seht, da sende ich zu euch den Propheten Elija.» – Vgl. Mt 11, 14 («Er ist Elias, der kommen wird») und Mt 17, 10 – 13 (O. Cullmann, 1958, 23: «Hier bezeichnet Jesus eindeutig den Täufer als den wiedergeborenen Elias»). – Origenes: In Mt, XIII, 2. Danach hat sich die *geistige* Individualität des Elias in Johannes dem Täufer wieder verkörpert. Das Persönlichkeitsbewusstsein des Johannes weiß davon nichts. Auf der *seelischen* Ebene ist er ein anderer. Origenes: Er erinnerte sich nicht an sein früheres Leben als Elias (In Jo, VI, 12, 73). *Geistig* kann er als Engel wahrgenommen werden. Er *ist* aber

KOMMENTAR

«ein Mensch, von Gott gesandt». – G. Kienle, 1983, 72: «Die bei Elia nach außen gerichtete Kraft wurde bei Johannes verinnerlicht.»

– *So bist du der Prophet?* Der nach Dtn 18, 15 erwartete Prophet. Christus selbst bezieht sich auf diese Prophezeiung. Vgl. 5, 46. – 6, 14. – 7, 40. Zur Zeitenwende gab es keine Propheten mehr. Insofern wurde das Auftreten Johannes des Täufers als eschatologisches Ereignis angesehen. – Schnackenburg zitiert aus den Qumran-Texten, 1 QS, 9, 11: «bis zum Kommen eines Propheten und den Gesalbten von Aaron und Israel.» Zur Zwei-Messias-Lehre vgl. Lauenstein, 1971 und E. Weymann, 1993.

1,23 Jes 40, 3: «Eine Stimme ruft: Bahnt dem Herrn einen Weg durch die Wüste!» Das Zitat folgt auf die dreifache Verneinung. – Mal 3, 1: «Seht, ich sende meinen Boten, / er soll den Weg für mich bahnen.»

1,24 *Pharisäer* – «Abgesonderte» Juden, die das Gesetz streng auslegten und auf Befolgung achteten. Die Schriftgelehrten waren zumeist Pharisäer. Zu ihnen gehörte ursprünglich auch Paulus.

1,25 *Der Messias* = der Christus = der Gesalbte.

1,26 Durch die Wassertaufe sollten sich die Menschen ihres Zusammenhangs mit der Geistwelt bewusst werden.

1,28 Vgl. 10, 40. – Dieser Ort ist zu unterscheiden von Bethanien bei Jerusalem, wo Lazarus und seine Schwestern ein Anwesen besaßen. Schon Origenes (195 – 254) vermochte ihn nicht aufzufinden und spricht von Bethabará. Den Namen deutet er als «Vorbereitung» (In Jo VI, 40. SC 157, 284). Den Namen Jordan versteht er als «Abstieg» im Doppelsinn: 1. zum Fluss absteigen. 2. Abstieg der Seele in den Körper. – Der Taufort liegt nahe bei Qumran (Luftlinie 12 km). Beziehungen zur Essenischen Gemeinschaft sind sowohl für Johannes den Täufer als auch für Jesus von Nazareth anzunehmen (J. Jeremias, 1971, 51).

Von der Wassertaufe zur Geisttaufe

1,29 *Gottes Lamm.* – ἀμνός. C. H. Dodd hat das Bild des Lammes als Bild für den Messias gedeutet, und zwar als Herrscher. Andreas scheint das Bild in der Tat so zu verstehen. Es ist aber ein Missverständnis, das zeigt die Passion. – Vgl. Apk 5 (ἀρνίον); 1 Kor 5, 7. «Denn auch wir haben ein Passah-Lamm, das ist Christus, der geopfert ist.» – Klopstock: Der Messias (1773), 2, 562: «Siehe Gottes Lamm, das der Erde Sünde versöhnet.»

1,31 Johannes der Täufer kannte Jesus als Sohn des Joseph in Nazareth, nicht aber als Träger des Logos, des Sohnes Gottes (V. 34).

1,32 Das irdische Wirken Christi als Gottes Sohn beginnt mit der Taufe durch Johannes, als Jesus «etwa 30 Jahre alt» war (Lk 3, 23). Als Tag darf der 6. Januar 31 angenommen werden (wenn auch nicht auf der «historischen» Ebene). Epiphanias wurde von der frühen Christenheit als Christi Geburt, als Erscheinung des Gottes auf Erden gefeiert. –

Vgl. Markus: «Anfang des Evangeliums.» Matthäus und Lukas betonen demgegenüber – durch Geschlechtsregister – die irdische Abkunft von David, einerseits über Salomo. anderserseits über Nathan. Markus und Johannes heben den göttlichen Ursprung hervor. Vgl. Römer 1, 2–4 («geboren aus dem Geschlecht Davids nach dem Fleisch, und nach dem Geist, der heiligt»). Herakles ist das mythische Vorbild für die «zwei Naturen» in Christus (D. Lauenstein: Der Messias, 1971, S. 228). – Vgl. Lk 4, 1 («Erfüllt vom heiligen Geist …»).

A. Loisy, 1903 (1921), hat in der Taufe die Inkarnation erkannt. – Vgl. R. Steiner, 1909.
Man beachte, dass Johannes nicht nur «zwei Naturen» in Christus unterscheidet, sondern einen dreifachen Wesensursprung: Er ist gleichermaßen Sohn Gottes, Menschensohn und Sohn Davids, siehe Band 2. – Die Taufe selbst wird von Johannes nicht geschildert. Ihn interessiert in diesem Zusammenhang nur die geistige Wirklichkeit. In Bezug auf die Herabkunft des Geistes stimmen alle Taufberichte überein.
Hegel hat 1799/1800 sein Nacherleben der Taufe folgendermaßen beschrieben: «Die Gewohnheit des Johannes (von Jesu ist keine solche Handlung bekannt), die zu seinem Geist Erzogenen in Wasser unterzutauchen, ist eine bedeutende symbolische. Es gibt kein Gefühl, das dem Verlangen nach dem Unendlichen, dem Sehnen, in das Unendliche überzufließen, so homogen wäre, als das Verlangen, sich in einer Wasserfülle zu begraben; der Hineinstürzende hat ein Fremdes vor sich, das ihn sogleich ganz umfließt, an jedem Punkte seines Körpers sich zu fühlen gibt; er ist der Welt genommen, sie ihm; er ist nur gefühltes Wasser, das ihn berührt, wo er ist, und er ist nur, wo er es fühlt; es ist in der Wasserfülle keine Lücke, keine Beschränkung, keine Mannigfaltigkeit oder Bestimmung; das Gefühl derselben ist das unzerstreuteste, einfachste; der Untergetauchte steigt wieder in die Luft empor, trennt sich vom Wasserkörper, ist von ihm schon geschieden, aber er trieft noch allenthalben von ihm; sowie es ihn verlässt, nimmt die Welt um ihn wieder Bestimmtheit an, und er tritt gestärkt in die Mannigfaltigkeit des Bewusstseins zurück. Im Hinaussehen in die unschattierte Bläue und die einfache gestaltenlose Fläche eines

morgenländischen Horizontes wird die umgebende Luft nicht gefühlt, und das Spiel der Gedanken ist etwas anders als das Hinaussehen. Im Untergetauchten ist nur Ein Gefühl, und die Vergessenheit der Welt, eine Einsamkeit, die alles von sich geworfen, allem sich entwunden hat. Als ein solches Entnehmen alles Bisherigen, als eine begeisternde Weihe in eine neue Welt, in welcher vor dem neuen Geist das, was wirklich ist, unentschieden zwischen Wirklichkeit und Traum schwebt, erscheint die Taufe des Jesus bei Mk. 1, 9 ff.; er wurde von Johannes in den Jordan getaucht, und indem er sogleich aus dem Wasser heraufstieg, sah er die Himmel zerrissen, und den Geist wie eine Taube auf sich herabsteigen; und eine Stimme geschah aus den Himmeln: Du bist mein geliebter Sohn, in welchem ich mich gefreut habe. Und sogleich warf ihn der Geist in die Wüste; und er war dort vierzig Tage, versucht vom Satan, und er war mit den Tieren, und die Engel dienten ihm. – Im Emporsteigen aus dem Wasser ist er der höchsten Begeisterung voll, die ihn in der Welt nicht bleiben lässt, sondern in die Wüste treibt; wo das Arbeiten seines Geistes das Bewusstsein der Wirklichkeit noch nicht von sich geschieden hat, zu welcher Scheidung er erst nach 40 Tagen völlig erwacht, und sicher in die Welt, aber fest gegen sie eintritt.» (Hegels theologische Jugendschriften, ed. H. Nohl. Tübingen 1907. Der Geist des Christentums und sein Schicksal).

1,33 *mit dem Heiligen Geist* – ἐν πνεύματι ἁγίῳ. Die Taufe mit dem Heiligen Geist erfolgt im individuellen Erkenntnisakt.

1,34 *Gottes Sohn* – υἱὸς τοῦ θεοῦ. Andere Lesart: der Erwählte Gottes.

KOMMENTAR

Die ersten Jünger

1,36 *Siehe, Gottes Lamm* – ἴδε ὁ ἀμνὸς τοῦ θεοῦ – Ecce agnus dei. – Vorausdeutung auf das letzte Osterfest im Jahre 33. Vgl. 1, 29.

1,37 Die beiden Jünger folgen Christus sowohl äußerlich als auch innerlich.

1,38 Das Evangelium zeigt: das «Zuhause» ist Ausgangspunkt einer Wanderschaft. Christus ist der Weg. Ein im äußeren Sinne festes «Zuhause» hat er gar nicht. Er bleibt im Gehen. Sein eigentlicher Wohnort ist die Seele des Menschen. Diese Stätte muss ihm aber erst bereitet werden – und immer wieder neu. «Bleibt ihr in mir, dann bleibe ich in euch.» (15, 4)

1,39 Um vier Uhr nachmittags. – Die 10. Stunde ist die Stunde der Kreuzabnahme. 10 ist die Zahl des Menschen: Sie haben «den Menschen» erkannt. – O. Cullmann, 1975, S. 21, spricht von einem «göttlichen ... Stundenplan»: «Während dieser kurzen Wirksamkeit ist jeder Augenblick von höchster Bedeutung für das Heil der Welt.»

1,40 Im anderen, namentlich nicht genannten Jünger sehen nicht wenige Ausleger den Evangelisten: E. Luthardt, 1886, S. 3; R. E. Brown, in: Rengstorf, 1973, S. 527; O. Cullmann, 1975, S. 75; G. Klockenbring, 1995, S. 99; Bultmann, 1963, S. 70, Nordsieck, 1998, S. 2, Ratzinger, 2007, 264. R. Steiner polemisiert gegen diese Auffassung (GA 112, 30. 6. 1909). «In den ersten zwölf Kapiteln kommt Johannes nicht vor.» (Steiner, 12. 2. 1906).

1,41 *den Gesalbten*. Jesus hat sich selbst nicht Messias genannt. Er hat den Titel vielmehr ersetzt durch den Titel Menschensohn. Das zeigt seine menschheitliche Mission an. Vgl. O. Cullmann, 1958.

1,43 Damit sind die ersten «drei Tage» der «drei Jahre» bezeichnet – in Entsprechung zu den letzten drei Tagen auf Golgatha. Im Anschluss an das Zeugnis des Täufers verbindet sich der Logos am ersten Tag, in der Taufe, mit Jesus von Nazareth. Am zweiten und dritten Tag wird er von den ersten Jüngern als Christus erkannt. – In synoptischer Sicht begibt sich Christus nach der Taufe für 40 Tage in die Wüste.

1,44 Johannes schildert eine erste Begegnung mit den Aposteln. Die Berufung, von der die Synoptiker (Mt, Mk, Lk) berichten, erfolgte bei einer späteren Begegnung.

Nathanael

1,45 Nathanael (der Name sagt: Gott gibt) kommt bei den Synoptikern nicht vor. Er wurde seit dem neunten Jahrhundert mit Bartholomäus gleichgesetzt – ohne zureichende Begründung. 21, 2 sitzt er, ebenso wie der Lieblingsjünger, im Boot beim wunderbaren Fischzug. Er gehört wohl zum Jerusalemer Kreis der Jünger Christi, vgl. die spöttische Bemerkung V. 46.

– *von dem einst Moses im Gesetz geschrieben.* Dtn 18, 15.

1,46 In Galiläa lebten Menschen verschiedener Stämme, auch Griechen. In Jerusalem blickte man abschätzig auf dieses Land. Vgl. 7, 41 f. 52.

1,47 *ein echter Israelit.* Nach R. Steiner ein im fünften Grad Eingeweihter, der die Seele des Volkes repräsentiert (Hamburg, 23. 5. 1908).

1,48 Der Feigenbaum ist ein Bild aus der Sprache der Mysterien: Buddha wurde «unter dem Feigenbaum» erleuchtet. Im Spätjudentum galt der Feigenbaum als «Baum der Erkenntnis».

1,49 Die Bezeichnung «Gottes Sohn – υἱὸς τοῦ θεοῦ» ist hier

zunächst als messianischer Titel gebraucht und zu unterscheiden vom Bekenntnis der Martha (11, 27) und vom Petrusbekenntnis, 6, 69, und vor allem Mt 16, 16: «Du bist Christus, der Sohn des lebendigen Gottes». Doch schwingt die höhere Bedeutung mit – im Spannungsbogen zu «Menschensohn», V. 51, und «König von Israel».

- *ich sah dich*. Vgl. 20, 29. Selig, wer nicht sieht ...

1,51 *Wahr ist das Wort*. ἀμὴν ἀμὴν λέγω ὑμῖν. Luther, 1984: «Wahrlich, wahrlich, ich sage euch.» Einheitsübersetzung: «Amen, amen, ich sage euch.» Vul.: Amen, amen, dico vobis. – J. Jeremias, 1971, 45 f. (Das hebräische, vom Aramäischen übernommene amen bedeutet ‹gewiss›).

- *auf- und niedersteigen*. Vgl. Jakobs Traum. Gen 28. – Goethe: Faust, I, 449 («Wie Himmelskräfte auf und niedersteigen»).

- Der *Menschensohn* ist der wahre Mensch als *Ebenbild* Gottes, der Lebendige, Quell des Lebens, der logosdurchdrungen den Tod überwindet und richten wird: der vom Himmel kam und zum Himmel wieder aufsteigt. Vgl. auch Jo 3, 13. 14; – 6, 27. 53. 62; – 8, 28; – 12, 23; – 13, 31 f. – Apk 1, 13. – 2, 18. – 14, 14. – Dan 7, 13. – Hen 46 – 71. – 4 Esra 13. – Das Bild zeigt an, dass der Menschensohn über die Chöre der Engel in lebendiger Verbindung mit Gott steht: Er ist eins mit dem göttlichen Willen. – Nach dem Zeugnis aller vier Evangelisten hat sich Christus selbst als Menschensohn bezeichnet. J. Jeremias, 1971, § 23.

2
Das erste Zeichen: Beim Hochzeitsfest zu Kana

«Die ‹Zeichen› sind Ausdruck der offenbarenden Tätigkeit Jesu, wie er sie auf Erden als der Inkarnierte ausübt. Sie stehen in dieser Hinsicht auf der gleichen Stufe mit seinen Worten, während die ‹Werke› als Motiv für den Glauben geringer sind als Jesu bloßes Wort.» (R. Schnackenburg, 2001, 1, S. 349).

Die Zeichentaten bezeugen Christus als Gottgesandten und haben wegweisenden Charakter. Sie sind charakteristisch für die Sicht des Johannes und beschreiben einen Weg in sieben Stufen, vgl. die Interpretationen in Band 2.

2,1 Die Wendung «dritter Tag» knüpft wohl nicht an die ersten Tage an. Sie ist eher allegorisch zu verstehen als Hinweis auf die Dimension des Mysteriums (so auch J. Ratzinger, 2007). Die Auferstehung erfolgte am dritten Tag nach Karfreitag. Manche Interpreten zählen: am dritten Tag nach der Begegnung mit Philippus und Nathanael. – Kana lag etwa 13 km nordöstlich von Nazareth. Die Dauer des Festes – wohl gegen Ende Februar 31 – kann mit einer Woche angenommen werden. – Die Perikope fehlt bei den Synoptikern.

Der Name der *Mutter* wird im Johannesevangelium nicht genannt. Vgl. 2, 12. – 19, 25. Jesus ist «Sohn des Joseph». Vgl. 1, 45; – 6, 42.

2,4 τί ἐμοὶ καὶ σοί, γύναι. Die Anrede *Frau* betont Distanz Christi zur Mutter. Die Einheitsübersetzung bringt dies noch schärfer zum Ausdruck: «Was willst du von mir, Frau?», auch der revidierte Luthertext: «Was geht's dich an, Frau …» Wörtliche Übersetzung: «Was (ist zwischen) mir und dir? – Vul: Quid mihi, et tibi est, mulier? Barrett, 1990: Die Anrede «ist schroff und zieht eine scharfe Linie zwischen Jesus und seine Mutter». Vgl. auch 19, 26. Auf dem Hintergrund der Zehn Gebote wirkt die Anrede besonders krass. Vgl. Ex 20, 12; Dt 5, 16; Sir 3, 2. – Nach D. Lauenstein: Der Messias, 1971, ist die Mutter als Pflegemutter aufzufassen, womit er Ausführungen R. Steiners bestätigt. Es ist die Mutter des «Herrenbruders» Jakobus (Mt 27, 36; Mk 15, 40; 16, 1).

– *meine Stunde.* Vgl. 7, 30 und 8, 20. Die «Stunde» des Menschensohnes ist in johanneischem Sprachgebrauch das Mysterium von Golgatha: Tod und Auferstehung. Vgl. Band 2, Die Zeit.

2,6 *sechs Wasserkrüge.* Augustinus 9, 6: 6 Krüge = 6 Zeitalter (Von Adam 1. bis Noah, 2. bis Abraham, 3. bis David, 4. bis zum babyl. Exil, 5. bis Johannes Bapt., 6. bis zum Ende der Welt).

– *Metreten.* 1 Metrete = 39, 39 Liter.

2,8 *Haushofmeister* – ἀρχιτρίκλινος: wörtlich etwa: Festordner (Bauer-Aland).

2,9 *zu Wein geworden.* Origenes und Augustinus: Das AT = Wasser wird durch Christus zum «guten Wein» des NT. – R. Steiner, GA 97, 3. 2. 1907: «In allen Mysterien wurde das Wasser das Blut Christi genannt.» – J. Ratzinger hebt die ungewöhnliche Menge von 480 – 700 Litern hervor, die auf den «göttlichen Überfluss» deutet, «der unendlich alles Bedürfen und alles rechtmäßig zu Verlangende übersteigt» (Einführung, 1990, S. 213). – Nicht von einem Wunder berichtet Johannes, sondern von einem Zeichen; Vgl. Band 2.

2,10 *den guten Wein.* Wörtlich: den schönen Wein. Vgl. 10, 11. – 14, 32, 33.

– *den minderen.* Spr 23, 30. Wer hat trübe Augen? «Jene,

die bis in die Nacht beim Wein sitzen, die kommen, um den Mischwein zu kosten.»

2,11 Die Heilung des Sohnes eines königlichen Beamten in Kap. 4 wird von Johannes als «zweites Zeichen» benannt. In diesem Sinne kann man von fünf weiteren Zeichentaten sprechen: Die Heilung des Gelähmten am Teich Bethesda (5. Kap.), Die Speisung der Fünftausend (6. Kap.), Die Erscheinung auf dem See (6. Kap.), Die Heilung des Blinden (9. Kap.), Die Auferweckung des Lazarus (11. Kap.). – Von Johannes dem Täufer wird ausdrücklich gesagt: Er «tat keine Zeichen» (10, 41).

– *seine Jünger glaubten an ihn.* Meyer spricht von einer Art zweitem Epiphanias-Ereignis für die Jünger. (Die Wiedergewinnung des Johannesevangeliums, 1962, S. 84).

Ostertage in Jerusalem

2,13 Das *Passahfest* im Jahre 31. Die drei Osterfeste sind durch Johannes jeweils strukturbildend hervorgehoben, vgl. 6, 4 und 11, 55. Aber auch die anderen Feste spielen eine große Rolle, besonders das Herbstfest. Der Evangelist berichtet von vier Reisen nach Jerusalem, vgl. außer 2, 13 ff: 5, 1 (Erntefest 31); 7, 10 (Erntefest und Lichterfest 32); 12, 15 (Ostern 33).

Die Tempelreinigung

Die Tempelreinigung kann als «messianische Zeichenhandlung» gedeutet werden (P. Stuhlmacher, 2010, 77 und 1992, 83). Sie wird von Edwards auf den 23. März (10. Nisan) des Jahres 31 datiert.

2,16 Für Meister Eckhart ist die Tempelreinigung ein Bild für die menschliche Seele, die der Reinigung bedarf, damit Christus in ihr geboren werden kann: «Gott hat keine eigentliche Stätte als ein reines Herz und eine reine Seele; dort gebiert der Vater seinen Sohn, wie er ihn in der Ewigkeit gebiert ...» (Predigt 5, Quint). Die Tempelreinigung am Anfang der drei Ostern (31, 32, 33) deutet darauf hin, dass Johannes das Evangelium als Initiationsweg verstanden wissen will. (Siehe Bd. 2).

2,17 Ps 69 «denn der Eifer für dein Haus hat mich verzehrt.»

2,19 Hinweis auf Karfreitag bis Ostersonntag. Im Zusammenhang mit der Tempelreinigung am ersten Osterfest wird damit in der Sicht des Johannes das ganze Erdenwirken des Logos zur Passion und der Tempel selbst in Frage gestellt; denn der wahre Tempel ist der Leib Christi. – Die Wendung «Brecht ab» wurde in der nächtlichen Gerichtsverhandlung am 3. April 33 verdreht in die Anschuldigung, er wolle den Tempel einreißen (Mk 14, 57 f.).

2,20 Der Tempelneubau war 19 v. Chr. begonnen worden und noch nicht zum Abschluss gekommen. Die Zahl 46 ist symbolisch zu verstehen. Sie ist der Zahlwert des griechischen Wortes ADAM. Christus, als Menschensohn, ist der Neue Adam.

2,21 Reinigung (Katharsis) ist die erste Stufe des mystischen Weges. Sie bezieht sich hier nicht nur auf die Seele (wie bei jeder Initiation), sondern auch auf den Leib, weil es beim christlichen Mysterium um die Verwandlung des vergänglichen in den unvergänglichen Leib geht (1 Kor 15, 53 «Das Verwesliche muss anziehen die Unverweslichkeit»). Bei Johannes erfolgt sie – anders als bei den Synoptikern – gleich zu Anfang der Drei Jahre. – Vgl. auch Apk 21, 22: «Einen Tempel sah ich nicht in der

Stadt.» – Novalis: «Es gibt nur einen Tempel in der Welt, und das ist der menschliche Körper. Nichts ist heiliger als diese hohe Gestalt.» (Kamnitzer 1330).

2,22 Unmittelbar haben die Zwölf offenbar ebenso wenig verstanden wie die Gegner. Das wird auch bei den Synoptikern immer wieder deutlich. Vgl. 12, 16: Die Symbolik des messianischen Einzugs in Jerusalem verstehen die Apostel nicht.

2,23 Die Verse 23 – 25 leiten über zum Gespräch mit Nikodemus.

Zeichentaten. Es handelt sich vermutlich um Krankenheilungen, die Johannes im Einzelnen nicht erwähnt, weil der Wunderglaube der Christuserkenntnis abträglich ist.

2,25 *die Menschen.* Wörtlich Singular. Es sind aber alle Menschen gemeint, wie in V. 24. – Vgl. 6, 64. – 13, 11. – 16, 30. Schnackenburg zitiert aus den Qumran-Schriften: «Bevor du sie schufst, kanntest du ihre Taten für immer und ewig.» – «Was kann ich sprechen, das nicht vorher erkannt ist, und was äußern, das nicht vorher gesagt ist? Alles ist vor dir aufgezeichnet mit einem Griffel des Gedächtnisses für ewige Zeiten.» (1 QH 1, 7 und 23 f.).

3

Das Gespräch mit Nikodemus

3,1 Der Name sagt: Überwinder des Volks.
Nikodemus, Pharisäer und Schriftgelehrter, war Mitglied des Hohen Rates (Synedrium) und nach einer alten Überlieferung ein Neffe des Pharisäers Gamaliel, bei dem Paulus studiert hat. Er war gut bekannt mit dem

vierten Evangelisten.– Bei den Synoptikern fehlt das Gespräch mit Nikodemus. Es fand möglicherweise im April 31 statt. – Das Gespräch des Gelehrten Kardinals Cusanus mit einem Löffelschnitzer hat in diesem Gespräch Jesu mit Nikodemus sein Urbild: Jesus hat nicht studiert, vgl. 7, 15.

3,2 *Bei der Nacht* hat in diesem Fall nichts mit «Furcht vor den Juden» zu tun (vgl. 7, 50 ff.). Johannes zeigt an Nikodemus den Weg aus dem Dunkel zum Licht.

3,3 ἄνωθεν – von oben her, wieder, von Neuem. Das Wort ist hier im Doppelsinn gemeint. Doppelsinnige Verwendung von Wörtern und Wendungen ist ein durchgehender Stilzug des Johannes.

3,4 Augustinus 11,5: «Er denkt an sein Fleisch, weil er noch nicht an das Fleisch Christi denkt», das Wort des Evangeliums.

3,5 *Wasser* ist das irdische Abbild des Lebens.
Oscar Cullmann, 1948, hat hervorgehoben, dass der Doppelsinn von Pneuma (Geist, Wind) hier auch doppelsinnig gemeint ist. Es ist also auch von einer ‹Wiedergeburt aus Wasser und Wind› die Rede» (Cullmann, 1966, 180). – Pneuma «connotes reality, or absolute being (nus or noetá), and as such is bracketed with alétheia» (Dodd, 1953, S. 226). – Der Heilige Geist hat reinigende Kraft.

– Christus beantwortet die Frage nach der Wiedergeburt mit Geburt «von oben her».

3,7 Christus spricht von der Geburt aus dem Geist in der Seele. Vom Sakrament der Taufe ist nicht die Rede.

3,10 Johannes betont die Bedeutung des Gesprächspartners. Er ist Pharisäer, Oberer (Archon) und Lehrer Israels. Zum Gespräch trägt er aber nur zwei Fragen bei. Im Hohen Rat tritt er später offen für Christus ein

(7,50 ff.). Und mit Josef von Arimathia nimmt er den Leichnam vom Kreuz (19,39).

3,12 Das Gespräch endet hier und wird abgeschlossen mit einer Meditation des Johannes über das Kerygma Jesu. Johannes spricht. Aber er spricht nur, was er – durch Erinnerung des Heiligen Geistes – von Christus gehört hat.

Meditation

3,13 Spr 30,4: «Wer stieg zum Himmel auf und kam wieder herab?» – Nach 3,13 ist Christus bereits in den Himmel aufgestiegen. «Der Auferstandene spricht *durch* den Evangelisten» (Cullmann, 1975, S. 19). – Cullmann, 1948: «Um *wieder* geboren zu werden, muss der vom Himmel herabgestiegene Menschensohn zum Himmel hinaufsteigen, damit *von oben* die Geburt aus dem Geist möglich werde (V. 5), dessen Kommen auch nach 7,39 und 16,7 Christi Verherrlichung voraussetzt.» (Cullmann, 1966, S. 180).

– *Der Menschensohn* ist der *wahre Mensch*. – Der Titel «Menschensohn» kommt in den Evangelien etwa 70 mal vor. In der exoterischen jüdischen Überlieferung ist er als Titel für den erwarteten Messias unbekannt. Er ist eine *Selbstbezeichnung Jesu*. Vgl. Anm. zu 1, 51 und die Ausführungen in Band 2 (Wahr ist das Wort).

3,14 *die Schlange.* Num 21, 9: «Moses machte eine Schlange aus Kupfer und hängte sie an einer Fahnenstange auf.»

3,15 Vorausdeutung auf Kreuzigung, Auferstehung und Himmelfahrt. Vgl. 17,3 (glauben – erkennen). Zur Erhöhung vgl. 8,28. 12,32. Das Wort «erhöhen» wird hier von Johannes im dreifachen Bezug auf Mose, Kreuzigung und Himmelfahrt gebraucht (Cullmann, 1948).

3,16 Gott hat die Welt geliebt, indem er sie gedacht, ausgesprochen und geschaffen hat. Durch den Widersacher wurde die Welt dem Tod überantwortet. Durch die Hingabe des Sohnes erhält sie das ewige Leben. Vgl. 1,18. – 1 Jo 4,9. – Mussner, 1952.
– *den Eingeborenen.* Vgl. 1, 14 u. Anm.
– Das *ewige* oder wahre Leben wird von Johannes – im Unterschied zu den Synoptikern – nicht nur eschatologisch gesehen. Es bezeichnet vielmehr eine höhere Seinsebene, die «schon jetzt» erfahren werden kann. – Vgl. 5,24.
3,18 *gerichtet.* Vgl. 5, 28 – 29. Die Zukunft ist schon Gegenwart. – Sebastian Franck, Paradoxa, 27 a: «Gott verdammt niemanden, sondern ein jeder sich selbst.»
– Der *Name* offenbart das Wesen. Christus hat viele Namen; vor allem ist er aber das Wort, das sich den Menschen als Weisheit offenbart und die Liebe auf Erden verankert. Der Evangelist hat den wahren Namen Christi – gleich Moses von Jahwe – als «Ich bin» erfahren. Vgl. die sieben Ich-bin-Worte; auch 1,12 und Apk 19,13.
3,19 Vgl. 1,5.
3,21 Die Wendung «aus der Wahrheit handeln» oder «die Wahrheit tun» ist mehrfach in Qumran-Texten nachgewiesen worden.
Christus ist das *Licht* der Welt.

Die Wanderung durch Judäa und Samaria

In Judäa: Das letzte Zeugnis Johannes des Täufers

3,22 Vgl. 4,2. Jesus taufte nicht selbst. Er «kann dieser Taufe nur einen vorbereiteten Charakter ... zugemessen haben; darum hat er sie bald ganz aufgegeben.» (Schnackenburg, 2001, 1, 449).

3,23 *an den Quellen.* Ainon = Quellen.

3,24 Herodes Antipas ließ Johannes den Täufer wenig später gefangen nehmen und dann, wohl erst im Frühjahr 32, auf Anstiften seiner Frau Herodias enthaupten. Johannes hatte ihm Vorhaltungen gemacht wegen seiner gesetzwidrigen Beziehung zu Herodias, die mit seinem Bruder verheiratet war (vgl. Mk 6,17–20).

3,27 Vgl. 19,11. 1 Kor 4,7. Jak 1,17.

3,28 Johannes der Täufer ist der «Vorläufer». Siehe Mal 3,1, 23.

3,29 Der Bräutigam ist Christus, vgl. Apk 19, der Freund ist Johannes der Täufer.

3,30 Johannes der Täufer repräsentiert als Prophet das AT, das nun in seiner Bedeutung zurücktritt gegenüber dem neuen Licht, das durch Christus die Zukunftserde wachsend erleuchtet.

Meditation

3,31 Die Verse 31–36 werden von den meisten Interpreten nicht mehr zur Rede des Täufers gezählt. Sie sind, wie 3, 13 – 21, eine Meditation des Evangelisten über das Kerygma Jesu. – «Der von oben kommt», ist der vom Himmel herniedergestiegene Menschensohn (V. 13).

3,34 *von Gott gesandt.* Vgl. 17, 3.
Der Evangelist betont die Einheit von Vater, Sohn und Geist. Er ist selbst vom Geist erleuchtet und spricht die Worte Christi wie der Sohn die Worte des Vaters.

3,36 Der wahre, erkennend-liebende Glaube führt zu «ewigem Leben» *schon jetzt* (... er hat; und nicht: er wird haben). In dieser Anschauung erweist sich Johannes als Gnostiker. – Vgl. 5, 24. – 1 Jo 5, 11 ff.

– *Gottes Zorn.* Ankündigung der Apokalypse: das Ausgießen der Zornesschalen. Vgl. Apk 15 ff. – Schnackenburg lässt die Verse 13 – 21 hier folgen; im Ganzen gliedert er: 1 – 12, 31 – 36, 13 – 21, 22 – 30. Die Gründe für die Umstellung gehen nicht tief genug, um zu überzeugen.

4

Das Gespräch mit der Samariterin am Jakobsbrunnen

Das Gespräch Christi mit der Samariterin fand wohl um Pfingsten das Jahres 31 statt. Es ist von ungewöhnlicher Länge und tiefer Bedeutung.

4,4 wörtlich: «Und er musste durch Samarien ziehen ...», obgleich die Juden den Weg durch Samarien mieden. Er aber «musste» oder «wollte» der Samariterin begegnen. Von Samarien nahm später die christliche Mission ihren Ausgang. Vgl. dagegen Mt 10,5 («Zieht in keine Stadt der Samariter»). Wenn mit dem Fest in c. 5 nicht das Herbstfest, sondern Pfingsten gemeint sein sollte, müsste das Gespräch mit der Samariterin kurz vorher stattgefunden haben.

4,6 Der Jakobsbrunnen ist 32 m tief, Durchmesser 2,30 m, oben gemauert (nach Schnackenburg).

– *die Mittagsstunde.* Im Gegensatz zum Gespräch mit Nikodemus, das in der Nacht stattfand. Auch dies Gespräch fehlt bei den Synoptikern.

4,9 Die Samariter (Samaritaner) waren ein Mischvolk, das zu den Juden in einem Spannungsverhältnis stand. Vgl. 4,20 und Anmerkung. Bultmann hat an eine buddhistische Parallele erinnert, siehe Band 2.

4,10 *die Gabe Gottes.* Augustinus 15, 12: der Heilige Geist.

Schnackenburg: das «lebendige Wasser». – Das Wort «Wasser» wird hier in dreifachem Sinn gebraucht.

4,13 Nach Origenes repräsentiert der Jakobsbrunnen das Gesetz, das immer wieder verbessert werden muss. Das Wort Christi führt als Quell den Trinkenden zu ewigem Leben.

4,14 *den wird in Ewigkeit nicht dürsten.* Vgl. 6, 35 (Wer an mich glaubt, wird nicht mehr dürsten).

– *der sich ins ewige Leben ergießt.* Jes 58, 11: «Du gleichst ... einer Quelle, deren Wasser niemals versiegt.» Jer 2,13: «Verlassen haben sie mich, die Quelle lebendigen Wassers.» Vgl. auch Ps 36,9; Prov 13,14; Apk 7,17. – 22,1.– J. G. Herder (1775), 7, 1884, 425: «Jesus wird nach diesem allumfassenden Bilde der Mittelpunkt der zu belebenden Welt, das Meer, der Abfluss des Himmels, Urquell aller daher rinnenden Ströme. In jedem seiner Glieder wird der Strom ein neuer unversiegbarer Urquell, auf andere fließend und bis ins ewige Leben strömend.» Auf die Entstehung dieser lebendigen Quelle im Innern des Menschen kommt alles an. Es ist die Voraussetzung zur Geisttaufe.

4,15 Die Frau bleibt noch bei ihrem Missverständnis: als ob es sich um sinnlich wahrnehmbares Wasser handelte.

4,18 Die fünf Männer hatte die Samariterin – auf der Sinnesebene – nacheinander. Wichtiger ist die spirituelle Deutung. Nach Origenes – und ihm folgend Augustinus, Meister Eckhart u. a. – sind die fünf Männer als die fünf Sinne zu verstehen. Die Frau hat Sinneserkenntnis. Den sechsten Mann – Geisterkenntnis – hat sie (noch) nicht. (Johanneskommentar, 13. Buch) – Ganz im Sinne des Origenes interpretiert R. Steiner die «fünf Männer» als fünf Wesensglieder des Menschen, die sich in fünf Kulturepochen entfalten. (Vortrag, 21. 11. 1907) –

Nach JB sind in den fünf Männern die fünf Ursprungsstämme der Samariter symbolisiert. (2 Kön 17, 24 – 41). Die Allegorese gehörte zur bevorzugten Methode in den gnostischen Strömungen im Umkreis des Johannes. Die meisten neueren Interpreten dichten der Samariterin in naturalistischer Sicht «sündhaftes Verhalten» an, obwohl das Gespräch nicht beendet wird mit «sündige nicht mehr», wie beim Gelähmten (5, 14) und bei der Ehebrecherin (8, 11), sondern mit der Offenbarung des «Ich bin». Die Frau ist durch ihre Begegnung mit dem Christus auf der fünften Stufe eingeweiht. Einer Sünderin wäre das Volk nicht gefolgt.

4,19 θεωρέω – (ich) sehe, erschaue.

4,20 Der Jahwe-Tempel auf dem Berg Garizim wurde von Johannes Hyrkanus im Jahre 129 v. Chr. zerstört.

4,22 Hinweis auf den Messias aus dem Hause David, der sich Vers 26 offenbart.

4,23 *Doch kommt die Stunde, und sie ist schon da.* Vgl. 5, 25. Johanneische Wendung, die das Wirken des Hl. Geistes bezeugt: Der Hl. Geist holt die Zukunft in die Gegenwart. «Das Kommende wird er euch künden» (16,13).

– *im Geist und in der Wahrheit.* Hinweis auf den Helfer, die dritte göttliche Person, den heiligen Geist, der das selbständige Erkenntnisleben fördert. Die Wahrheit ist Christus. Durch den Geist und den Sohn gelangt die Seele zum Vater. – «Der Geist, Christus, ersetzt den Ort des Gottesdienstes.» (O. Cullmann, 1966, 286). – «In spirit, that is in reality» (C. H. Dodd, 1953, 258). – Christus wird zum Tempel, in dem sich die Seele «im Geist und in der Wahrheit» zu Gott erheben kann. – Auf diese Worte Christi (4, 21 – 24) bezog sich Sebastian Franck (1499–1541) bei seiner Verkündigung der «Kirche des Geistes».

4,25 Die Samariter erwarteten den Messias als «den Propheten» unter dem Namen Taheb = der Wiederherstellende.

4,26 Christus offenbart sein Wesen als menschheitliches Ichbin erstmals im Gespräch mit der Samariterin. Er ist der erwartete Messias und zugleich der Gott, der sich Moses im brennenden Dornbusch als «Ich bin» gezeigt hat.

4,27 Es schickte sich nicht, dass ein Rabbi mit einer Frau sprach.

4,28 *Die Frau ließ ihren Wasserkrug nun stehn.* Damit wird angedeutet, dass die Frau ihren Weg zum wahren Leben begonnen hat. Einen Bruch mit ihrer Vergangenheit bedeutet dies jedoch nicht.

4,33 *Gab jemand ihm zu essen?* Die Jünger zeigen ebenso wenig Verständnis für das Brot des Lebens wie die Samariterin für das Wasser des Lebens. Vgl. c. 6. – Bultmann spricht von «gnostischem Dualismus».

4,34 *ich vollende sein Werk.* Vgl. 5, 36.

4,35 *vier Monde.* Sprichwörtliche Redensart für die Zeit von der Saat bis zur Ernte. Origenes, XIII, 40: «Von Monaten ist die Rede, weil das (vom Werdegang) der natürlichen Ernte genommen ist. Man würde aber statt von vier Monaten besser von vier Tagen oder Jahren sprechen, vor allem weil das Wort sich den vielen und den fleischlich Gesinnten entziehen will, indem es das Mystische verbirgt, den einfachen Sinn aber vorzeigt, damit man glaube, die vom Erlöser verkündeten Worte seien klar.» (Gögler, 270).

– *erhebet eure Augen, schaut.* Schaut das Geistige im Sinnlichen.

– *erntereif.* Wörtlich: weiß. Es nahen wohl die Samaritaner aus der Stadt, um Gottes Wort zu hören. Origenes: «Weiß sind die Felder schon zur Ernte, seitdem das

Wort Gottes da ist und alle Felder der Schrift klar macht und erleuchtet, die erfüllt sind von seiner Gegenwart.» (Gögler, 271).

4,36 Die Getreide-Ernte steht in Beziehung zum Brot des Lebens, von dem der Christus kündet.

– *wer sät und wer dann erntet.* Gemeint sind hier wohl Vater und Sohn (Schnackenburg). Das Verhältnis wird dann V. 38 auf Christus und die Jünger übertragen.

4,38 *Die Arbeit hatten andere.* Christus, der Täufer, die Propheten.

– *Ihr aber folgt nach.* Wörtlich: ihr seid in ihre Arbeit eingetreten.

4,42 Der Messias wurde als König der Juden erwartet. Jesus Christus ist mehr: «Retter der Welt». Johannes betont, dass dies zuerst die Samariter erkannt haben.

In Galiläa

4,44 Als Vaterland kann hier nur – mit Origenes, Hoskyns, Dodd u.a. – Judäa mit Jerusalem gemeint sein, wo er zu Ostern den Tempel als das Haus seines Vaters gereinigt hatte. Auch ist Bethlehem, die Stadt Davids, sein Geburtsort. Für die Synoptiker ist Galiläa die Heimat Christi.

Das zweite Zeichen:
Die Fernheilung des fieberkranken Knaben

4,46 Basilikós. – Galiläa gehörte damals zum Herrschaftsbereich des Tetrarchen Herodes Antipas, der 39 n. Chr. abgesetzt wurde. – Mt 8, 5 –13; Lk 7, 1 –10 zeigen deutliche Abweichungen.

4,47 Die Wegstrecke von Kafarnaum am See Genezareth nach Kana betrug etwa 26 km.
– In der allegorischen Interpretation des Origenes bedeutet der «Mann des Königs» Abraham und sein Sohn das Volk Israel (In Jo XIII, 58). – In der Methode des Origenes schreibt Nikolaus von Kues «über den moralischen Sinn des Evangeliums: Der Hauptmann ist das Denken, der Sohn die Wahrnehmung, die in Kapernaum, also in dem Staat dieser Welt oder der Begierden, an Fieber leidet. Heilung kann allein stattfinden, wenn das Denken sich zu dem Wort hinbegibt.» (Predigt CXXXIV)
Letztendlich vertreten alle Kranken, die Jesus heilt, das kranke Menschengeschlecht.
4,52 *Eine Stunde nach Mittag* ist die siebente Stunde: Stunde der Ruhe, entsprechend dem siebenten Tag, an dem die Heilung des Gelähmten (c. 5) und die Heilung des Blinden (c. 9) erfolgen.
4,53 *Er glaubte.* Es geht um den wahren Glauben zwischen Wunderglauben und Zweifel. Vgl. gegen Ende die Geschichte von Thomas, Kap. 20. – Nikolaus von Kues, Predigt CXXXIV: «So kann der Unglaube derjenigen, die Zeichen fordern, nur durch Glauben aufgehoben werden. Denn wer Zeichen zu sehen fordert, damit er glaubt, wird nicht zu den Zeichen gelangen, es sei denn, er glaubt. In eins fällt also Unglauben mit Glauben bei dem, der ein Zeichen zu sehen fordert, damit er glaubt.»

5
Ein Fest in Jerusalem

Kap. 5 und 6 wurden von Bultmann, Schnackenburg und anderen Gelehrten umgestellt – gegen die handschriftliche

Überlieferung. Die angegebenen Gründe sind nicht überzeugend. An äußere Wegersparnis hat Christus bei seinen Wanderungen sicher nicht gedacht. Vor allem spricht die innere Logik der Zeichenfolge dagegen. Der überlieferte Textzusammenhang ist aus sich heraus verständlich: Das Hin- und Herwandern gehört zum Wesen des Inkarnationsgeschehens. – Vgl. Barretts Bemerkungen zu den Vertauschungstheorien. E. Haenchen: «Die Zeit der Umstellungshypothesen ist vorbei.» (zit. n. Barrett, S. 159). M. Hengel, 1993, hat sich ähnlich geäußert. Auch Dodd hat gezeigt, dass das 5. Kapitel dem 6. aus inneren Gründen voransteht. Zustimmend P. Borgen, 1965, 152: «The close connection between John 5,37–47 and 6,31–58 speaks against any rearrangement of the sequence of chs. 5 and 6 in spite of the obvious geographical discrepancies.» Demgegenüber hat J. Ratzinger (Benedikt XVI.) der Umstellungshypothese wieder zugestimmt (Jesus, 2007, 284).

Das dritte Zeichen:
Die Heilung des Gelähmten am Teich Bethesda

5,1 *ein Fest.* Andere Überlieferung: «das Fest» – damit wäre das Herbstfest gemeint. – Schnackenburg: Pfingsten – nicht überzeugend. – Frieling, 4, 57, spricht im Anschluss an J. Jeremias von einem weiteren Passahfest, kann damit ebenso wenig überzeugen. – Die folgende Krankenheilung fehlt bei den Synoptikern.

5,2 Die Beschreibung der großzügigen Anlage durch Johannes wurde von J. Jeremias (Die Wiederentdeckung von Bethesda. Göttingen 1949) bestätigt.

5,4 Engel sind von Gott geschaffene unkörperliche und unvergängliche Wesenheiten, vgl. Thomas von Aquin: Sth, I, 50, 1 ff. – Dionysius Areopagita: Die Hierarchien der Engel ...

– In der Apokalypse, 16, 5, spricht Johannes von einem
  «Engel des Wassers – ἄγγελος τῶν ὑδάτων.»
  Die in Klammern gesetzten Verse 5,3–4 sind eine Ergänzung aus der Textüberlieferung.
5,5 Anspielung auf die achtunddreißigjährige Wüstenwanderung des jüdischen Volkes, nach Deut 2, 14.
5,6 Der Wille zum Gesunden ist die Voraussetzung zur Heilung.
5,9 *Sogleich wurde der Mensch gesund.* Er bedarf des Teichs nicht mehr. Christus ist der Quell, aus dem sich das Wasser des Lebens ergießt.
5,12 *Nimm dein Bett und wandle.* Der Satz wird dreimal gesprochen: vom Christus, vom Geheilten und von «den Juden».
5,15 *Jesus ist; er machte mich gesund.* Der Geheilte hat in der Heilung die Seinskraft des Logos erfahren.
5,18 Die Juden werfen Jesus luziferische Überhebung vor. Das Gegenteil ist wahr: Christus, der Sohn, ist der Gottgesandte.

Die Rede über das Wirken des Sohnes, des Gottgesandten

5,19 Die absolute Redeweise «der Sohn» – als christologischer Titel – kommt im Johannesevangelium 18 mal vor (nach Schnackenburg). Das Verhältnis Vater – Sohn wird im Folgenden grundlegend erörtert. – J. Ratzinger, Einführung, 1990, S. 145: «Indem Jesus Sohn benannt und damit ‹relativ› gemacht wird auf den Vater hin, indem Christologie als eine Relationsaussage vollzogen wird, ergibt sich von selbst die totale Rückbezogenheit Christi auf den Vater. Gerade weil er nicht in *sich* steht, steht er in *ihm*, ständig eins damit.» Gott ist gegenwärtig im Sohn.

- *gleichermaßen.* Das Wort ὁμοίως spielt in den Glaubenskämpfen des 4. Jahrhunderts eine zentrale Rolle. Schon Hilarius erkannte, dass in dem, was man mit «gleich» (Athanasius) oder «ähnlich» (Arius) eigentlich meinte, nicht so weit voneinander entfernt war, als es nach der Heftigkeit des Streites den Anschein hat. Fichte kommentiert: «Aufgegangen ist seine Selbständigkeit in dem Leben Gottes.» (Anweisung, 1806, ed. Lauenstein, S. 101, 6. Vorlesung).
5,20 ἔργον – Werk. «Werke» sind herausragende, zeichenhafte Taten. Die Heilung des Gelähmten ist Werk und mehr als Werk: eine Zeichentat. Als «größere Werke» werden im Folgenden die Totenerweckung und das Gericht genannt.
5,21 *Er macht lebendig, wen er will.* Vorausdeutung auf das siebente Zeichen als ein «größeres Werk»: Die Auferweckung des Lazarus.
5,24 *vom Tod ins Leben.* Vgl. 1 Joh 3, 14. «Wir wissen, dass wir hinübergegangen sind vom Tod ins Leben, denn wir lieben die Brüder.» – Vgl. 3, 16. 18. 36. – 6, 40. – 17, 3.
5,25 Vgl. 4, 23 und Anmerkung. Luther, 1984: «Es kommt die Zeit und ist schon jetzt.»
5,29 *zur Auferstehung in das Leben.* Zumeist erscheint im Johannesevangelium die Zukunft als «schon jetzt»; hier weitet sich der Blick des Evangelisten, wie in der Apokalypse, zum Weltende. – Vgl. Dn 12, 2: «Von denen, die im Land des Staubes schlafen, werden viele erwachen, die einen zum ewigen Leben, die anderen zur Schmach, zu ewigem Abscheu.»
5,30 *Nichts kann ich wirken aus mir selbst.* Wiederholung von 5, 19.
– *das Gericht wird sein gerecht.* Vgl. Apk 19.
– *weil ich nicht meinem Willen folge.* Der Sohngott hat

die Welt geschaffen, und er wird sie richten; der Vater bleibt gleichwohl Schöpfer und auch Richter – durch den Sohn.

5,31 *Zeugnis.* Vgl. 8, 13 und 17.

5,36 Die Menschwerdung des Sohnes kann als Vollendung der Werke des Vaters angesehen werden, weil sie dem Menschen das Mitwirken ermöglicht, als Voraussetzung zur Freiheit. Der heilige Geist ist dabei nur der «Helfer» (Paraklet), nicht der Vollender. – Vgl. 4, 34.

5,37 Christus, der Sohngott, ist dreifach bezeugt: durch Johannes, durch sich selbst und seine Werke, und durch den Vatergott.

5,38 Logos – Wort.

5,43 *ihr nehmt mich nicht an.* Vgl. 1, 11. – 4, 44.

5,46 *er hat über mich geschrieben.* Dtn 18, 15. «Einen Propheten wie mich wird dir der Herr, dein Gott, aus deiner Mitte, unter deinen Brüdern, erstehen lassen.» – Pascal, Pensées, Über die Religion, ed. E. Wasmuth, 1972, Nr. 706: «Der überzeugendste Beweis für Jesus Christus sind die Prophezeiungen; deshalb hat Gott für sie besonders gesorgt.»

6
Ostertage am See Genezareth

Das vierte Zeichen: Die Speisung der Fünftausend

6,1 *ans jenseitige Ufer.* Gemeint ist wohl – auf der Sinnesebene – das Ostufer. Vgl. Mt 14, 15 ff. – Mk 6, 31 ff. – Lk 9, 10 ff.

– *des Sees von Galiläa.* Wörtlich: θάλασσα – Meer.

6,4 Das Passahfest Mitte April des Jahres 32. Der Evangelist verbindet mit dem Hinweis aber auch die Ankündigung des Neuen Passah.

6,5 *Jesus hob seine Augen auf.* Vgl. 11, 41 (Lazarus) und 17, 1 (Gebet).

6,9 Sieben ist die Zahl der Entwicklung in der Zeit. Brot und Fisch reicht der Auferstandene den Jüngern beim Morgenmahl, Kap. 21. Christus ist das wahre Brot und der wahre Fisch. – «Fünf Brote bedeuten das äußerliche, leibliche Wort, das in die Stimme gefasst ist und durch die Sinne vernommen wird. Denn die Fünfzahl bedeutet das sinnliche äußerliche Ding des Menschen um der fünf Sinne willen.» (Luther, 4, 1961, S. 221).

6,10 Das «viele Gras» steht im Gegensatz zur Wüste, in der es einst Manna regnete. – Vgl. auch Jes 40, 6f.: «Alles Sterbliche ist wie das Gras ... Gras ist das Volk.»

– *fünftausend.* 5 kann als die Hälfte von 10, der Zahl des Menschen, und 1000 als Zahl der Vollkommenheit gedeutet werden.

6,11 εὐχαριστήσας – Et cum gratias egisset... Das Dankgebet entspricht jüdischer Sitte und deutet hier nicht auf Eucharistie. Auch die Sprache ist nicht sakramental.

– Nach synoptischer Tradition reicht Jesus die Brote den Jüngern, die sie dann weiterreichen. Bei Johannes gibt der Christus unmittelbar sich selbst hin: *als* das Brot des Lebens. Bei Johannes gibt es auch kein «Brechen» des Brotes (Mt 14, 19; Mk 6, 41; Lk 9, 16), an dem die Emmaus-Jünger bei Lk den Herrn erkennen (Lk 24, 30).

6,12 *gesättigt.* Wörtlich: ἐνεπλήστεσαν – erfüllt waren. R. Steiner, 7. 7. 1909: «Die Kraft des Christus-Leibes hatten sie gegessen.» und: «Sie hatten nicht die Gerstenbrote gegessen; sie hatten die Kraft gegessen, die von dem Christus ausgegangen war.»

– *damit nichts umkommt.* Schnackenburg hat die theologische Bedeutung hervorgehoben. Vgl. 6, 27: «Bemüht euch nicht um Speise, die vergeht.»

6,13 *Zwölf Körbe*. Zwölf ist die Zahl des Raumes (Tierkreis). – Es blieb offenbar mehr übrig als ausgeteilt wurde. – Luther sieht eine Beziehung der zwölf Körbe zu den zwölf Aposteln.

6,14 Die Menschen haben das Zeichen als Wunder gesehen, aber nicht verstanden, was es heißt, durch die Kraft des Logos gespeist zu werden. Vgl. V. 26.

– *der Prophet*. Dtn 18, 18: «Einen Propheten wie dich will ich ihnen mitten unter ihren Brüdern erstehen lassen. Ich will ihm meine Worte in den Mund legen, und er wird ihnen alles sagen, was ich ihm auftrage.» – Vgl. 7, 40, auch 5, 46. – 1, 21.

6,15 Vgl. 18, 36 «Mein Reich ist nicht von dieser Welt.»

Das fünfte Zeichen:
Christus erscheint den Jüngern auf dem See

6,19 1 Stadion = 200 Meter. Nach Flavius Josephus war der See damals 140 Stadien lang (ca. 27 km) und 40 Stadien breit (ca. 8 km).

– *da sah'n sie Jesus wandeln auf dem See*. Die Jünger sind von der Logoskraft des Christus so erfüllt, dass sie ihn – als Retter – ohne seine physische Gegenwart wahrnehmen. Damit sind sie in ihrer «Annäherung an Gott» einen wesentlichen Schritt vorangekommen, vor allem im Vergleich zur «Stillung des Sturms» nach Mt 8, 23–27, Mk 4, 35–41 und Lk 8, 22–25, vgl. Krüger, 2010. Das «andere Ufer» ist als Ufer der Geistwelt zu verstehen. Christus wird hier zum Seelenführer in die andere Welt. Die gleiche Begebenheit hat vielleicht Mt im Blick, wenn er 14, 22–33, vom sinkenden Petrus berichtet.

6,20 *Ich bin* – εγώ εἰμι. Moses hörte das Ich-bin in Luft und Feuer, im «brennenden Dornbusch».

Die Rede zu Kafarnaum: Ich bin das Brot des Lebens

6,23 Die Kraft des Zeichens liegt im Dankgebet. Vgl. die Lazarus-Erweckung. – Der Landweg um das Nordufer beträgt etwa 10–12 km (Schnackenburg). – Auf die Frage «Wann?» gibt Jesus keine Antwort.

6,25 *hierher gekommen*. Wörtlich: entstanden, geworden.

6,26 Auf die Frage der Menschen geht Christus nicht ein, weil sie die Ebene der Zeichen verfehlt.

6,27 ἐργάζεσθε – «Bemüht euch ...» wörtlich: «Arbeitet nicht ... – Operamini non ...» – 6,28 wirken – «durch Arbeit verdienen» (J. Ratzinger).

– Christus hat ihnen von dieser Speise bereits gegeben; sie aber haben das Zeichen in seiner Tiefe nicht verstanden. Über den Begriff «Menschensohn» vgl. 1, 51. – 3, 13 und Anm., sowie Band 2. – Schnackenburg: «Eine primär eucharistische Deutung ist für 4, 14 nicht möglich und darum auch für 6, 27 unwahrscheinlich.» Wasser und Brot sind «Sinnbilder des Lebens».

– Bei der Jordantaufe kam der Geist «gleich einer Taube» herab vom Himmel und «blieb auf ihm».

6,29 Glaube bedeutet Arbeit (Werk – Ergon).

6,30 Die Juden verlangen ein Beglaubigungswunder aus dem Himmel, vgl. V. 31. Sie glauben nicht, dass der Vater in Einheit mit dem Sohn wirkt.

6,31 Vgl. das «viele Gras» bei der Speisung der Fünftausend.

– *Himmelsbrot*. Ps 78 (77), 24. «Er ließ Manna auf sie regnen als Speise, er gab ihnen Brot vom Himmel.» Ex 16, 4: «Ich will euch Brot vom Himmel regnen lassen.» Vgl. auch Deut 8, 3 (Er wollte dich erkennen lassen, dass der Mensch nicht nur von Brot lebt, sondern dass der Mensch von allem lebt, was der Mund des Herrn spricht). Nach Philo ist Manna die Weisheit als Seelennahrung, Logos und «Nahrung der Engel». Hierzu Schlatter, 1948, 173: Davon «ist nichts zu sehen». Vgl. P. Borgen, 1965 (1981); P. Beauchamp, 1967;

6,35 Vulgata: «Ego sum panis vitae.» Johannes ist der Künder des «εγώ ειμι – Ich bin». Christus bringt nicht nur das Brot des Lebens, sondern er ist es. Und so ist er auch das Licht der Welt, die Tür, der gute Hirte, Auferstehung und Leben, Weg – Wahrheit – Leben und der wahre Weinstock.

– *Wer an mich glaubt, wird nicht mehr dürsten*. Vgl. Spr. 9, 5: Die Weisheit spricht: «Kommt, esst von meinem Mahl, und trinkt von meinem Wein, den ich für euch gemischt.» Für Johannes und Paulus ist Christus die Weisheit Gottes. – Vgl. 4, 14.

6,36 Andere Lesart: «Gesehen habt ihr mich...» Vgl. V. 26, auch 9, 37 f. und 20, 29.

6,37 *Wer zu mir kommt, den weise ich nicht ab*. Vgl. 9, 34 f. Der geheilte Blindgeborene wird verstoßen. Jesus sucht ihn. Vgl. auch 4, 44: Der Prophet wird in seinem Vaterland abgewiesen.

6,40 Vgl. 3, 16. 36. – 5, 24.

6,42 Als Menschensohn und Wort Gottes stieg Christus vom Himmel herab. Als Jesus von Nazareth ist er der Sohn Josephs aus dem Hause David.

6,44 Das göttliche «Ziehen» ist kein Zwang; denn das Zu-Christus-kommen *wollen* ist die Voraussetzung.

– In der dreifachen Nennung der «Auferstehung am letzten Tag» kommt das Wirken der göttlichen Trinität zum Ausdruck: Christus handelt in Einheit mit dem Vater und dem Geist. Betont wird im Kontext nur die

Einheit mit dem Vater, weil der Geist noch nicht «da» ist.

6,45 Jes 54, 13: «Alle deine Söhne werden Jünger des Herrn sein.»

A. Schlatter, 1948: «Mit dem Lernen kommt das Hören zu seinem Ziel.»

6,46 Von Moses heißt es: «Er darf die Gestalt des Herrn sehen.» (Num 12, 8). Der Herr ist Jahwe: Gott in Gestalt eines Engels. Gott den Vater hat Moses nicht geschaut. Nur der Sohn sieht den Vater, weil er «aus Gott» zugleich in ihm ist. *Gott kann nur von innen gesehen werden.*

6,47 Vgl. 3, 36 und öfter.

6,51 σάρξ – Fleisch. Das Wort ist Fleisch geworden, um es aus der Vergänglichkeit, dem Bereich des Todes, ins wahre Leben aufzuheben. Das Fleisch Christi wird durch das Wort in den «drei Jahren» *verklärt.*

6,53 φαγεῖν = essen, verzehren, verschlingen. – φάγος = Vielfraß, Fresser. Vgl. V. 63, den Prolog und Apk 10, 9.

– *Wenn ihr nicht trinkt sein Blut.* Die Voraussetzung ist der Tod. Schlatter, 1948: «Blut kann man nur trinken, wenn es ausgeschüttet ist.» Durch das «Ausschütten» am Kreuz wird es zu Leben für die Menschen.

6,56 Nicht wenige Ausleger halten die Verse 51 b – 56 für einen redaktionellen Zusatz; nach Bultmann, weil sie der antisakramentalen Tendenz des Evangeliums zu widersprechen scheinen (Christus ist selbst das Lebensbrot, das er denen spendet, die ihn suchen, «ohne dass es noch eines sakramentalen Aktes bedürfe»). Vgl. vor allem Bornkamm, 1956 und Käsemann, 1967, 61: «Kirchliche Redaktion».

Johannes – falls die Verse von ihm stammen – meint aber wohl nicht das Sakrament des Abendmahls, von dessen Einsetzung er nicht berichtet, sondern geistige Kommunion; denn Christus ist Wort, Geist und Leben. «Sein Fleisch ist das Wort und sein Blut ist der Heilige Geist.» (EvPhil 23 b). «Daher sind die Worte und Reden selbst das Fleisch und das Blut, durch die der, welcher stets daran teilhat, wie mit himmlischem Brot genährt wird und am himmlischen Leben Anteil erlangen wird.» (Eusebius n. Origenes, zit. n. Schnackenburg, 2, 97). Fleisch und Blut werden durch den Tod Christi zur Auferstehung geführt. Die Erde wird zum Leib Christi und damit in die Verklärung einbezogen. Teilhabe an diesem Mysterium setzt geistige Vereinigung voraus, die mit dem Essen und Trinken gemeint ist, vergleichbar dem Verschlingen des Buches in der Apokalypse. Vgl. 4, 32 – 34 (das Wort Gottes als Nahrung Christi). Schon in der Genesis wird die Erkenntnis als «Essen» bezeichnet: das Essen vom Baum der Erkenntnis.

Auch Luther, Zwingli und Calvin haben eine Beziehung zum Abendmahl abgelehnt: «Es sind hier verblümte Reden, essen heißt hier geistlich genießen.» (Luther, zit. n. Olshausen, 1835; Th. Zahn, 1921, S. 350). «Die Seele kann nicht durch das Brot des Sakraments gesättigt werden, sondern das Wort tut's.» (Luther, 4, 1961, S. 231) – «Ganz und durchaus er selber werden» (Fichte, 1806, 103) – «Die johanneische Bildrede ... leitet sich nicht vom sakramentalen Mahl ab, sondern dieses wird umgekehrt aus der Bildrede gedeutet» (R. Schnackenburg, 2001, 4, 121). – «Wenn das Wort Fleisch ward, dann ist das Fleisch bis in alles einzelne hinein eben Wort geworden» (F. Rittelmeyer, 1986, S. 34). – Vgl. V. 63: «Das Fleisch bewirkt nichts».

6,57 *Vater des Lebens*. Vgl. Apk 7, 2. θεὸς ζῶν.

KOMMENTAR

Zwiespalt unter den Jüngern

6,62 θεωρέω – (ich) erschaue.
– *dahin, wo er gewesen.* Hinweis auf die Himmelfahrt Christi, die nicht nur seelisch-geistig zu verstehen ist, sondern die verklärte Leiblichkeit einschließt.
6,63 Geist – Pneuma.
– Die Worte Christi sind *Geist und Leben,* weil er selbst *das Wort* ist. Das Fleisch wird vom Wort verwandelt.
6,64 *von Anfang an.* Vgl. 2, 25. – 13, 11. – 16, 30.

Das Bekenntnis des Petrus

6,69 Der Glaube wurde zu Wissen. πιστεύω und γινώσκω werden nahezu identisch.
– *der Heilige.* Vgl. 10, 36. Gott heiligt den Sohn mit seiner Sendung in die Welt. – 17, 11 («heiliger Vater») – 1 Jo 2, 20 (Christus heiligt). – Apk 3, 7 («der Heilige»).
6,70 Nach Mk 3, 16 – 19: Petrus, Jakobus, Johannes (Bruder des Jakobus), Andreas, Philippus, Bartholomäus, Matthäus, Thomas, Jakobus (Sohn des Alphäus), Thaddäus (Lebbaios, Judas zelotes), Simon Kananäus, Judas Iskariot.
– *ein Teufel.* Mt 16, 23 wird Petrus – nach seinem Bekenntnis am Berg der Verklärung – als Satan bezeichnet. Vgl. 13, 2 (der Teufel inspiriert Judas Iskariot).

7
Die Reden auf dem Laubhüttenfest und danach

Jesus und seine Brüder

7,2 *Laubhüttenfest.* Erntefest, Anfang Oktober des Jahres 32. Dauer: 1 Woche.

7,3 Leibliche Brüder hatte Jesus nicht. Herausragend unter den Brüdern war Jakobus, «der Gerechte», der auch «Herrenbruder» genannt wird und in späteren Jahrhunderten mit Jakobus dem Jüngeren identifiziert wurde (wohl wegen der Apostelwürde). Er sah Jesus offenbar sehr ähnlich, stand seinem Wirken ursprünglich aber – wie die ganze Familie – ablehnend gegenüber. Nach der Auferstehung wurde er zum Führer der Jerusalemer Gemeinde. Vgl. D. Lauenstein: Der Messias, 1971.

– *deine Schüler.* Nicht die Zwölf sind gemeint, sondern Jünger (Schüler) aus dem Jerusalemer Kreis (z. B. Nikodemus, Lazarus).

7,5 *Auch seine Brüder glaubten nicht an ihn.* M. Hengel, 1993, 269: «Der historisch wohl zutreffende ‹Unglaube› der Brüder Jesu (7, 2 – 9) und der damit verbundene Konflikt wiegt nicht schwerer als das völlige Unverständnis der Jünger und ihr Versagen in der Passion (16, 32).»

7,6 *meine Zeit.* Kairos – Tempus. Gemeint ist der rechte Zeitpunkt. Christus handelt in Übereinstimmung mit den kosmischen Verhältnissen. 7, 8 und 7, 14 stehen daher nicht im Widerspruch. – R. Steiner spricht vom «fortwährenden Verwirklichen des Horoskopes» (GA 15, 3. Vortrag).

7,7 Vgl. 15, 18. – 17, 14 (Die Welt hat sie gehasst). 10, 31.

KOMMENTAR

Unerkannt geht Jesus zum Fest

7,10 *wie im Verborgenen.* Vgl. 7, 26: Er «redet frei und offen» – Sir Hoskyns, 1947 (ed. Davey), 313: «It is no mysterious journey, for Jesus did nothing in secret (cf. XVIII, 20); but it is not a public pilgrimage.» – Auf dem kürzesten Weg – durch Samarien – war es eine Drei-Tage-Reise.

7,13 Der Ausdruck «Juden» bezieht sich auf deren religiöse Führer; denn es sind ja vor allem Juden, die Angst vor «den Juden» haben. «Volksverführung» wurde mit Steinigung geahndet. Vgl. auch 20, 19.

Jesus lehrt im Tempel

7,14 *Am vierten Tag.* Johannes betont die Mitte. Vgl. 8, 9.

7,18 Doxa – Ehre, Schein, hier im Sinne von Selbstbespiegelung.

7,21 Jesu einmalige Verletzung des Sabbatgebotes steht gegen die ständige Verletzung durch die Beschneidung am Sabbat (wenn der 8. Tag auf einen Sabbat fällt), vgl. V. 19 und 22.

7,24 Sap 1, 1: «Liebt die Gerechtigkeit, die ihr die Erde richtet.» (Meister Eckhart: Kommentar zum Buch der Weisheit, ed. K. Albert, 1988, 11). – Mt 7, 1: «Richtet nicht, damit ihr nicht gerichtet werdet.» Der wahre Richter ist Christus. – Gottfried Wilhelm Leibniz (1646 – 1716): «Das Recht kann nicht ungerecht sein – das wäre ein Widerspruch –, aber das Gesetz kann es sein. Denn das Gesetz wird durch einen Machtspruch eingeführt und aufrechterhalten. Und wenn es der Macht nun an Weisheit oder gutem Willen fehlt, so kann sie recht schlechte Gesetze einführen und aufrechterhalten.» (Gegen die Verteufelung Gottes. In: Méditation sur la notion commune de la justice, 1702).

7,27 *wird niemand wissen*. Die Vorhersage ist eingetroffen: Die Juden meinten, seine Herkunft zu kennen. Sein wahrer Ursprung blieb ihnen unbekannt. – Der Jude Tryphon zum Kirchenvater Justinus: «Vorausgesetzt dass Christus irgendwo geboren ist und irgendwo lebt, so ist er doch so lange nicht erkennbar, erkennt auch nicht sich selbst so lange nicht und hat so lange keine Macht, bis Elias erscheint, ihn salbt und aller Welt kundmacht.» (VIII, 3). Elias ist in Johannes dem Täufer erschienen – aber er wurde nicht erkannt (Vgl. Mt 17 und Krüger, 2003).

7,30 *seine Stunde*. Vgl. 8, 20. – 10, 39. – Bd. 2, c. Die Zeit.

7,32 *Pharisäer*: Religiöse Gemeinschaft, deren Schriftgelehrte sowohl im Hohen Rat (Synedrium) als auch in der Bevölkerung großen Einfluss hatten. Von den Qumran-Essenern wurden sie als Heuchler bezeichnet. Auch Johannes steht ihnen kritisch gegenüber.

7,34 Spr 1, 28. «Sie werden mich suchen, aber nicht finden.» Vgl. 8, 21. T. Korteweg hat die Aussage als apokalyptisches Motiv interpretiert, in: J. Lambrecht, 1980, 349 – 354.

7,35 Der Ausdruck *Griechen* meint Heiden. – Die Griechen kommen zu Christus, vgl. 12, 20 ff. – Johannes ging zu den Griechen: nach Ephesos, wo er das vierte Evangelium schrieb. – Paulus war ein griechisch gebildeter Jude.

7,37 Als Hintergrund zu denken: «Am siebten Tag der Festwoche aber zogen die Priester mit dem aus der Quelle Siloa geschöpften Wasser sieben mal um den Altar ...» (Schnackenburg). – Christus ist der Quell des Neuen Lebens.

7,38 Jes 44, 3: «Ich gieße Wasser auf den dürstenden Boden ...» – vgl. das Gespräch mit der Samariterin (c. 4). – Das lebendige Wasser entströmt dem Christus; er ist der Quell; dann aber strömt es auch aus dem ihm verbundenen Gnostiker; denn sein Inneres ist vom Christus-Quell erfüllt (Origenes, Athanasius, Ambrosius, Augustinus und viele andere Väter; auch Barrett u. a.). «Aus seinem Innern» beziehen viele neuere Ausleger auf Christus. – Vgl. EvTh, 108: «Wer von meinem Mund trinkt, wird werden wie ich, und ich werde wie er, und die verborgenen Dinge werden sich ihm offenbaren.»

7,39 Die Ausgießung des Geistes erfolgt zu Pfingsten. Vgl. Actus Apostolorum.

7,40 *der Prophet.* Dtn 18, 18. Vgl. Jo 6, 14. – 1, 21.

7,41 *Messias,* der erwartete Retter des Volkes Israel = der Gesalbte = der Christus.

7,42 Jesus Christus ist in Bethlehem, aus dem Samen Davids, geboren und in Nazareth (Galiläa) aufgewachsen. An die Geburt in Bethlehem erinnerte sich offenbar niemand mehr. Der Ausdruck «aus dem Samen Davids» war bei den Urchristen gebräuchlich. Johannes hebt allerdings den göttlichen Ursprung hervor. – Vgl. Römer 1, 3 f.

Man wollte ihn ergreifen

7,46 *So hat noch nie ein Mensch gesprochen.* Christus sprach mit der Wirkensmacht der Exousiai (Geister der Ichform).

7,50 Nikodemus tritt hier offen für Jesus ein. Vgl. c. 3 und 19, 38 ff.

Die Lesart «bei Nacht» gilt als späterer Zusatz zur Verdeutlichung.

7,52 *Der Prophet.* Vgl. 1,46: «Kann Gutes kommen / aus Nazareth?»

8

Christus und die Ehebrecherin

8,3 Die Perikope von der Ehebrecherin (8, 1 – 11) gehört nicht zum ursprünglichen Bestand des Johannesevangeliums (Bultmann, Schnackenburg u. a.). Barrett, 1990, 563: «Das Gewicht der Belege gegen die Ursprünglichkeit des Abschnitts ist überwältigend.» Er fehlt schon im Kommentar des Origenes. Gleichwohl kann er auf Johannes zurückgehen. Die Perikope ist in der Vulgata enthalten und damit Teil der kanonischen Überlieferung – mit einer reichen Wirkungsgeschichte. – R. Frieling, 1982, S. 83, zitiert in diesem Zusammenhang Verse von Goethe: «Dem Staub, dem beweglichen, eingezeichnet / überweht sie der Wind, aber die Kraft besteht / bis zum Mittelpunkt der Erde / dem Boden angebannt.»

8,6 Das Schicksal der Frau wird sich auf Erden erfüllen. Vgl. das Lied des Harfners in Goethes Wilhelm Meisters Lehrjahre: «Denn alle Schuld rächt sich auf Erden.»

8,9 Johannes betont in seinem Evangelium siebenmal die Mitte, hier durch Wiederholung von V. 3. Vgl. 1, 26. – 7, 14. – 19, 18. – 20, 19. 26 (Frieling, 1982, 135 ff.).

8,11 *sündige nicht mehr.* Augustinus 33, 6: «Also auch der Herr hat verurteilt, aber die Sünde, nicht den Menschen.»

KOMMENTAR

Ich bin das Licht der Welt

8,12 Vulgata: «Ego sum lux mundi.» Das Licht, das Zarathustra als großen Geist der Sonne (Ahura Mazdao) verehrt hat, spricht jetzt aus dem Seeleninnersten des Jesus von Nazareth. Vgl. EvTh, Log 77: «Ich bin das Licht, das über allen ist.» Vgl. 9, 5.

— Das «Licht der Welt» erleuchtet als «Licht des Lebens» den Erkenntnisweg zum Vater; denn «nichts Endliches kann das Verlangen des Geistes (intellectus) stillen». (Thomas von Aquin: Summe gegen die Heiden, III, 1, 1990, S. 210; Buch III, Kap. 50). – Jes 9, 1: «Das Volk, das im Dunkeln lebt, sieht ein helles Licht.» – Eph 5, 9: «Lebt als Kinder des Lichts». – Vgl. auch den Prolog. – In Christus sind Licht und Leben wesenseins. Das Licht des Lebens bildet hier einen Gegensatz zu den vielen Lichtern, die beim Fest die Nacht erhellen.

8,13 *Dein Zeugnis.* Vgl. 5, 31.

8,15 *Ihr richtet nach dem Sinnenschein.* κατὰ τὴν σάρκα – nach dem Fleisch.

— *Ich richte nicht.* Einheitsübersetzung: «Ich urteile über keinen.» – Herderübersetzung und Luther 1984: «Ich richte niemand.»

8,17 *Wahr ist das Zeugnis von zwei Menschen.* Dtn 17, 6. «Wenn es um Leben oder Tod eines Angeklagten geht, darf er nur auf die Aussage von zwei oder drei Zeugen hin zum Tod verurteilt werden.»

8,19 *Kennet ihr mich.* Origenes (195 – 254): «Wer das Wort erkennt, erkennt Gott, indem er sich vom Wort zu Gott erhebt; denn auf keine andere Weise kann man Gott schauen, außer vom Wort auszugehen ... so dass wir uns durch ihn erheben, der ein Engel ist und zugleich alle anderen geistigen Mächte.» (In Jo XIX, 14. SC 290, 68–70).

8,20 Die Schatzkammer (Schatzkasten) – verschlossen, aber von außen zugänglich – befand sich im Tempelbezirk. Mit dieser Ortsbezeichnung wird die Bedeutung der Lehre Jesu, im Besonderen seine Selbstoffenbarung, hervorgehoben.
– *seine Stunde.* Vgl. 7, 30. – 10, 39.

Vorblick auf die Erhöhung des Menschensohns

8,21 *Wohin ich gehe:* «wo sich die Wahrheit, die Weisheit und das Wort befinden» (Origenes, In Jo XIX, 14. SC 290, 100).
– *könnt ihr nicht folgen.* Vgl. EvTh, Log 59: «Jesus sagte: Schaut auf den Lebendigen, solange ihr lebt, damit ihr nicht sterbt und sucht, ihn zu sehen und werdet ihn nicht sehen können.» (Schneemelcher, 1990). Vgl. 7, 36.

8,22 Selbstmord galt in der jüdischen Rechtsauffassung als schwere Sünde (nach Billerbeck): gegenüber der Selbstoffenbarung Christi als Bringer des Lebens eine besonders abartige Unterstellung. Nach dem Verrat soll Judas Selbstmord begangen haben.

8,23 *nicht von dieser Welt.* Christus hat als die Weisheit Gottes diese Welt geschaffen, als «Niederwurf», urständet selbst aber in der höheren Geistwelt, ja sogar noch darüber: im Einen. Vgl. Origenes: In Jo, XIX, 22, 147 (SC 290, 136). Beispiel für den gnostischen Dualismus des Johannes. – Vgl. 18, 36.

8,24 Vgl. Ex 3, 14: «Ich bin der Ich bin.» – Moses hat das «Ich bin» noch außerhalb seiner selbst, in den Elementen erlebt. Johannes, der Evangelist, und Paulus waren die Ersten, die es im eigenen Innern erfahren haben. – Jes 43, 10.

8,25 Christus ist das Wort. Er ist eins mit dem, was er spricht – von Anfang an, denn er ist der Urbeginn. Seine Worte sind «Geist und Leben» (6, 63). Wer den Anfang nicht begreift, kann auch das Ende nicht verstehen; erst recht nicht das Wendemysterium der Mitte. –
Vulgata: Principium, qui et loquor vobis. – Augustinus: «Glaubet an mich als den Anfang.» – E. Hoskyns, 1947, 328, 335 f.: «Even that which I have also spoken unto you from the beginning.» – Barrett: «Ich bin von Anfang an, was ich euch sage.» – Luther, 1961, 4, 267: «Erstlich der, der mit euch redet». – Schnackenburg: «Überhaupt, warum spreche ich noch mit euch?» – ähnlich E. Bock. – G. Schubert, 1928: «Der neue Anfang, wie ich jetzt schon spreche.» – King James Bible, 1611: «Even the same that I said unto you from the beginning.» – Lemaistre de Sacy, 1841: «Je suis le principe de toutes choses, moi-même qui vous parle.» – A. Crampon, 1923: «Absolument ce que je vous déclare.» Weitere Übersetzungsversuche s. R. Bultmann, 267 f.

8,28 Gemeint ist die Erhöhung am Kreuz. Vgl. 1, 51. – 3, 13 – 15 u. Anm.

Die Freiheit durch den Sohn

8,32 Die Wahrheit erkennen heißt Christus erkennen; und dieser führt den Erkennenden in die Freiheit – zu Gott, der die Wahrheit ist. Vgl. V. 36.

8,35 *im Hause.* Das Haus ist – wie der Tempel – Symbol des physischen Leibes. Die wirkliche Freiheit setzt den Auferstehungsleib voraus. Ihn gibt der Sohn. Darum macht nur Er wirklich frei. Die luziferische Freiheit ist eine Vorstufe. Sie ist vorübergehend. Die durch die Auferstehung gewonnene Freiheit ist bleibend.

8,36 «Wenn wir frei sein wollen, müssen wir das Opfer bringen, unsere Freiheit dem Christus zu verdanken.» (R. Steiner, 14. Okt 1912, GA 131). – Vgl. G. Röschert, 2004.

Kinder Abrahams, Gottes und des Teufels

8,37 Einige Juden denken wohl schon an die Steinigung, siehe V. 59. – Vgl. 7, 32. – 11, 50 – 53.
– *mein Wort.* ὁ λόγος ὁ ἐμὸς.
8,39 Abraham diente Gott in Gerechtigkeit; die Gegner Jesu aber nicht. Darum spricht Christus ihnen die Abrahamkindschaft ab.
– *ihr tätet so, wie er getan.* Abraham folgte dem Wort Gottes. Er zog in das Land, das ihm Gott angewiesen hatte.
8,40 Die Lehre Christi, des Sohnes, ist Offenbarung des Vaters.
8,41 «Du sollst keine anderen Götter neben mir haben.» (Ex 20, 3). Jesus hält den Juden entgegen, vom Teufel abzustammen (Verse 41 und 44). – Vgl. 1, 13.
8,42 *von Gott.* Vgl. 1, 13.
8,43 λαλιά – Redeweise. λόγος – Wort. Der Logos ist der innere Sinn der Rede.
8,44 διάβολος – Teufel, Verleumder, «Durcheinanderwerfer». – Höhepunkt in der Auseinandersetzung Christi mit den jüdischen Schriftgelehrten und Pharisäern.
– *Menschenmörder.* Origenes, XX, 25: «Der Menschenmörder tötete uns zwar, wir sind aber durch die Gnade Gottes mit Christus ‹mitbegraben› und mit Ihm auf-

erstanden (Röm 6, 4), wenn wirklich wir gleichgestaltet wurden seiner Auferstehung und in der Neuheit des Lebens wandeln.» (Gögler, 319).
- *weil* in *ihm keine Wahrheit* ist. Das böse Prinzip ist nicht «an der Stelle geblieben, wohin es gesetzt war». Darum ist Wahrheit im Teufel nur «für das nicht-Seyn»: «Wenn er also Ist, so ist er außer der Wahrheit. Seine Natur ist, nur Lüge sein zu können.» (Schelling: Philosophie der Offenbarung, 1959, II, 268).
Nach Origenes, Augustinus und Thomas von Aquin stand auch der Teufel ursprünglich in der Wahrheit. Er wird als gefallener Engel aufgefasst. Danach sind für den Teufel zwei Anfänge oder zwei «Jetzt» zu unterscheiden: «So wird denn das erste Jetzt des Engels entsprechend der Tätigkeit des Engelsgeistes aufgefasst, durch welche er sich zu sich selbst hinwendet in der Schau im Abendlicht; denn am ersten Tage wird der Abend erwähnt und nicht der Morgen. Und diese Tätigkeit war bei allen gut. Von dieser Tätigkeit jedoch haben sich einige bei der Schau im Morgenlicht zum Lobpreis des WORTES hingekehrt, andere aber, die in sich selbst stehengeblieben sind, sind Nacht geworden, ‹da sie durch Hochmut aufschwollen› (Augustinus). Und so war die erste Tätigkeit allen gemeinsam, in der zweiten aber waren sie getrennt. Und darum waren im ersten Jetzt alle gut, im zweiten aber waren die Guten von den Bösen unterschieden.» Entsprechend kommentiert er Origenes: «Origenes sagt, ‹die alte Schlange ist nicht von Anfang an und nicht sofort auf der Brust gekrochen,› wegen des ersten Jetzt, in welchem sie nicht schlecht war.» (Sth, I, 63, 6)
- *Er lügt, spricht nur aus sich.* Christus spricht, was der Vater sagt (V. 40), der Teufel spricht nur «aus sich».

8,45 *weil ich die Wahrheit sage.* Der Sohn *sagt* die Wahrheit, die der Vater *ist*.
8,47 *Gotteskinder.* Sie sind zwar von Gott geschaffen, haben sich aber von ihm abgewandt und haben demzufolge nicht das innere Gehör, um sein Wort vernehmen zu können. Zum Ausdruck «Gotteskinder» vgl. den 1. Johannesbrief (Bd. 2). – Origenes, XX, 13, betont, dass man durch Veranlagung weder Sohn des Teufels noch Sohn Gottes ist. Jeder kann durch seine Werke die Gotteskindschaft erlangen. «An unseren Früchten erkennt man, wessen Kinder wir sind.» (Gögler, 310).
8,48 Origenes (In Jo, VI, 20, 320–21) macht auf die Etymologie aufmerksam: sômer – Hüter. Samariter sind dem Namen nach Hüter. Christus ist der Hüter der Seelen. Insofern weist er den Vorwurf der Besessenheit ab, nicht aber die Bezeichnung «Samariter». – Vgl. 4, 9 und Anm.
8,51 Vgl. EvTh, Log 1: «Wer die Deutung dieser Worte (des Evangeliums) findet, wird den Tod nicht schmecken.» Die Worte Christi sind vom wahren Leben erfüllt, das er selbst *ist*. Wer die Worte Christi in sich aufnimmt, «hält», verbindet sich mit dem wahren Leben.
8,56 *meinen Tag* – Die Inkarnation Christi.
– *Mit Freuden sah er ihn.* Damit wird Abraham zum Zeugen Christi. Er lebt; denn nur wer lebt, kann bezeugen. Auch Fichte, 1806, 6. Vorlesung, betont, «dass Abraham, der Jesu Tag gesehen, in seine Lehre, ohne Zweifel durch Melchisedek, eingeweiht worden, auch wirklich nicht gestorben sei». vgl. auch E. Käsemann, 1965, S. 249.
8,57 Die Juden verdrehen das Wort Christi.
8,58 *Ich bin* – ἐγώ εἰμι. Vgl. V. 24 u. 28. Christus bekundet in diesem dreimaligen Ich-bin sein Einssein mit dem Gott, der sich Moses auf dem Sinai geoffenbart hat. Das Ich-

bin spricht jetzt aus dem Inneren des Menschensohnes. Die göttliche Abstammung «von oben» steht gegen die physische Abstammung «von unten».

– *bevor noch Abraham geboren wurde.* Vgl. Apk 5, 5: Christus ist die «Wurzel Davids». – Vul.: antequam Abraham fieret, ego sum. King James: Before Abraham was, I am. Das «bin ich» Luthers (1544), das auch die Einheitsübers. übernommen hat («noch ehe Abraham wurde, bin ich»), bringt die absolute Größe des Ich-bin nicht angemessen zum Ausdruck. Bock, 1980: «von den Zeiten her, als Abraham noch nicht geboren war, bin ich als das Ich schon dagewesen.»

8,59 Einige Handschriften haben als spätere Ergänzung: «mitten durch sie hindurchschreitend». Damit wird die unantastbare Hoheit Christi betont.

9
Das sechste Zeichen:
Die Heilung des Blindgeborenen

9,1 *Im Vorübergehen* – absichtslos, noch in Jerusalem, zur Zeit des Herbstfestes im Jahre 32.
Das Blindsein von Geburt bezeichnet die Seinsweise der Menschen, deren «Sehen» auf das Vergängliche beschränkt ist. Sie sind blind in Bezug auf die geistigen Ursachen. – Die nachfolgende detailgenaue Schilderung kommt in der synoptischen Tradition nicht vor.

9,3 Die Heilung des Blindgeborenen ist Werk des Vaters und Zeichentat des Sohnes. Vgl. den Gegensatz zum Kranken am Teich Bethesda: Jener hatte gesündigt. Der von Geburt an Blinde kann nur in einem *vergangenen* Erdenleben gesündigt haben. Vgl. Origenes, mit Bezug auf Paulus, über Jakob: «Ist etwa Ungerechtigkeit bei Gott? Das sei ferne ... Wir müssen nur annehmen, dass er auf Grund von Verdiensten eines früheren Lebens von Gott mit Recht geliebt wurde, so dass er auch nach Verdienst dem Bruder vorgezogen wurde.» (De Principiis, II, 9, 7).

9,5 Anknüpfung an 8, 12.

9,7 Der Teich lag innerhalb der Stadt.
Die Reinigung, die der Blinde selbst vollziehen muss, ist die Voraussetzung für die Heilung durch Christus. Reinigung war immer die Vorbedingung der Initiation.

– Christus kann Licht geben, weil er das Licht *ist*. «Ich bin das Licht der Welt».

9,9 Das «ἐγώ εἰμι – Ich bin» spricht in dieser Form sonst nur der Christus. – «Dass ich *bin,* das gehört keinem Menschen zu als mir allein, keinem Menschen noch Engel noch Gott, außer, soweit ich *eins* mit ihm bin.» (Meister Eckhart: Predigt 31).

9,13 Die Pharisäer waren zuständig für die Auslegung und Beachtung der Gesetze.

9,14 *den Brei gemacht.* Solche Tätigkeiten waren am Sabbat nicht erlaubt, auch Heilungen, außer bei Lebensgefahr.

9,17 *ein Prophet.* Ein göttlich inspirierter Mensch.

9,22 *die Juden.* Gemeint sind vor allem die Pharisäer.

9,24 *dieser Mensch ist sündig.* Vgl. 9, 16.

9,28 *du bist sein Jünger, wir jedoch sind Jünger Moses'.* «Jesus Christus für alle, Moses für ein Volk.» (Pascal, Pensées, 1972, Nr. 774).

9,34 Der Blinde ist sehend geworden und überführt die Sehenden geistiger Blindheit. Mit dem Sehen erwachte in ihm ein starkes Selbstbewusstsein. – In der Legende heißt er Cedonius und geht mit Lazarus und seinen Schwestern nach Südfrankreich.

9,35 Vgl. 1, 43. Jesus «findet» Philippus.
- *Menschensohn.* Vgl. 1, 51 und Anm. Andere Lesart: Sohn Gottes. – Vgl. auch 12, 31 – 36.
9,37 Vgl. 6, 36 «Gesehen habt ihr, / doch glaubt ihr nicht.»
9,38 Der Glaube des Geheilten ist hier gleichbedeutend mit geistiger Schau: Er erkennt in Jesus den Christus, den Menschensohn und Gottessohn.
9,39 *Zum rechten Urteil.* εἰς κρίμα. Die Rechtsprechung ist von Moses auf Christus übergegangen (5, 22 – 29). Zum Weltenrichter wird Christus erst am Ende der Zeiten. Als inkarnierter Logos richtet er ausdrücklich nicht. Vgl. 8, 11 und vor allem 3, 12.
9,41 *Wir sehen.* Sie sehen in der Art von Platons Höhlenbewohnern.

10
Hirt und Herde

10,1 – 21 ist nach Barrett «eher ein Kommentar zu Kap. 9 als seine Fortsetzung» (S. 368).
10,6 *Gleichnisrede.* Luther, 1544: Diesen Spruch. Einheitsübersetzung: Gleichnis.
10,8 «Alle, die meinem Ich zuvorkommen …» (Frieling, IV, 1986, S. 107).
10,9 Vulgata: Ego sum ostium. Aus dem meditativen Erleben dieses Satzes gestaltete Dürer seine christomorphen Selbstbildnisse (vgl. Krüger, 2009).
10,11 ὁ καλός – der Schöne. Hölderlin, Patmos: «Wenn aber stirbt alsdenn, / An dem am meisten die Schönheit hing …» Marsilio Ficino (1433 – 1499): «Das Schönste von allem aber ist die Weisheit.» (De amore, VI, 10).
- *der gute Hirte.* Im AT ist Jahwe der Hirt seines Volks.

Zu Kapitel 10

Christus ist zugleich Hirt und Tür, wie er das Leben ist und zugleich der Weg zum Leben. – Nikolaus von Kues, Predigt CLIX: Christus ist die «Weide des Lebens der denkenden Seele», «weil er das Wort des Denkens und der Hirt ist, der durch sich selbst weidet, weil er selbst das Leben ist und weidet, so dass seine Schafe, die auf seine Stimme hören, leben».

– Durch die Tür gelangen die Schafe auf die Weide. Christus ist die Tür für die Seelen zum Vater. Er ist aber auch das Lamm (1, 29). Am Ende, Jo 21, erhält Petrus den Auftrag, Christi Schafe und Lämmer zu weiden.

– E. Hoskyns, 1947 (Davey): «The theme is Life, and Life through the voluntary Death of Jesus.» c. 9 und 10 sieht er in innerem Zusammenhang.

10,14 Vulgata: Ego sum pastor bonus. – Vgl. Psalm 23: «Der Herr ist mein Hirte, nichts wird mir fehlen.» Christus betont die Einheit mit dem Vater. – Nikolaus von Kues, Predigt CXXVI: «Im Wort weidet die Wahrheit den Intellekt.»

10,16 Johannes betont die menschheitliche Sendung des Sohnes. Für die «anderen Schafe» gibt es bei Gott auch andere Wohnstätten, vgl. 14, 2. Dennoch ist «nur eine Herde und ein Hirt». – Vgl. 17, 21 f. und Ez 37, 15 ff. – J. Ratzinger (Benedikt XVI.), 2007, 329: «Es gibt nur einen Hirten. Der Logos, der in Jesus Mensch wurde, ist der Hirte aller Menschen, denn sie alle sind durch das eine Wort erschaffen; sie sind in all ihren Zerstreuungen eins von ihm her und auf ihn hin.»

10,17 ψυχή – Leben, Seele.

10,18 ἐξουσίαν ἔχω. οὐσία – Wesen, Wesenheit. ἐξουσία – Vermögen, Freiheit, Vollmacht.

– *zu neuem Leben.* Wörtlich: «... es wieder zu nehmen.» Es ist eine Vorankündigung der Auferstehung.

KOMMENTAR

Die Rede auf dem Tempelweihefest und Rückzug jenseits des Jordans

10,22 Zur Weihnachtszeit im Jahre 32. ἐγκαίνια – Chanukkah bedeutet Erneuerung. Das Tempelweihefest – Fest der Lichter, beginnend am 25. Dez. – wurde 165 v. Chr. durch Judas Makkabäus eingeführt und erstreckte sich über acht Tage. Der salomonische Tempel wurde 586 v. Chr. von den Babyloniern zerstört und 520 – 516 wieder aufgebaut. Bedeutende Erweiterungen erfuhr der Neubau durch Herodes d. Gr.

10,23 Die «Halle des Salomo» war noch vom ursprünglichen Tempel Salomos erhalten geblieben.

10,24 Barrett, 1990, zitiert eine Übers. von Pernot: Wie lange noch willst du uns solchermaßen *quälen (tracasser)*?

10,26 Erkenntnis im Glauben setzt innere Verbundenheit voraus, die vom guten Willen der Schafe abhängt.

10,29 Andere Lesart: «Was mir mein Vater gegeben hat, ist größer als alles, und niemand kann es rauben ...»

10,30 Ego, et pater unum sumus. Damit wird Gott, der Unsichtbare, sichtbar. Das ist für die jüdischen Schriftgelehrten das eigentliche Skandalon. (Vgl. Ex 33,20) – Mit diesen Worten «erfährt der Menschenleib seine wahre ‹Tempelweihe›.» (R. Frieling, III, 1982, S. 89). – R. Steiner am 8. 3. 1907: «Ich und mein Ursprung sind eins.»

10,31 Im Sinne des Origenes kommen auch böse Worte, die gegen jemanden geworfen werden, einer Steinigung gleich: «Nun hoben sie aufs neue das Gewicht böswilliger Worte auf und warfen sie wie Steine auf ihn.» (Fragment CXXXVI, Gögler, 109). – «Die Seinen wiesen ihn ab», heißt es schon im Prolog: Leitmotiv bis zur Kreuzigung: 5,18; – 6,41 – 66; – 7,30; – 8,59.

10,32 Wörtlich: «viele schöne Werke – πολλὰ ἔργα καλὰ». Das Gute ist auch das Schöne.

10,34 Ps 82, 6. «Ihr seid Götter, ihr alle seid Söhne des Höchsten.»

10,36 Filius Dei sum.

10,38 Die Einung erfolgt von zwei Seiten: vom Vater und vom Sohn ausgehend, und kann auf Grund des Glaubens verstanden und erkannt werden. Pater in me est, et ego in Patre.

10,39 Vgl. 7, 30. – 8, 20.

Jenseits des Jordans

10,40 *Über den Jordan:* Von hier aus überquert er den Fluss, um zu Lazarus «auf der anderen Seite» zu gelangen. Vgl. 1,28.

– *wo einst Johannes taufte.* Es ist bedeutsam, dass Jesus hier zum letzten Mal an Johannes anknüpft. Es wird deutlich, dass der Täufer bei der folgenden Erweckung des Lazarus geistig anwesend ist. Seine Mission wird von Christus in erneuerter Form auf Lazarus übertragen, den Jünger, den der Herr liebte (11,5). An die Stelle der Wassertaufe tritt die vom Lieblingsjünger und Evangelisten verkündete Taufe mit dem Heiligen Geist (vgl. 1,33).

11
Das siebente Zeichen: Die Auferweckung des Lazarus

11,1 Der Name Lazarus bedeutet: Gott hilft. Die Bedeutung des Namens Bethanien ist umstritten. Origenes: «Haus des Gehorsams» (In Jo VI, 40). A. Barrois:

> «Haus des Schiffs» (Bêyt 'ányiâh). – Bei den Synoptikern fehlt die Erzählung. Bei Markus gehörte sie möglicherweise zum ursprünglichen Bestand. Im Johannesevangelium bildet sie die längste zusammenhängende Perikope. – Im Blick auf die Lazarus-Erweckung kann man von zwei Teilen des Evangeliums sprechen. Als siebentes «Zeichen» gehört sie noch zur ersten Hälfte; mit dem Thema «Tod und Auferstehung» aber auch schon zur zweiten Hälfte (Frieling, IV, 1986, S. 144). Sie bildet den Übergang zur Passion. – C. H. Dodd, 1953, spricht vom «Buch der Zeichen» (2–12) und vom «Buch der Passion» (13–21).

11,2 Der Vers nimmt 12,3 vorweg.

11,3 φιλεῖς – er, mit dem du in freundschaftlicher Liebe verbunden bist. Von hier an ist im Johannesevangelium vom Jünger, den der Herr liebte, die Rede – von dem es am Ende heißt, er habe das Johannesevangelium geschrieben.

11,4 δόξα – Schein, Ruhm, Lichtglanz, Ansehen, Ruf. Luther: Ehre. Frieling: Verklärung.

– *damit sich offenbare*. Wörtlich: durch sie (die Krankheit). Hilarius von Poitiers (12 Bücher über die Dreieinigkeit, IX, 23) hat gelesen: durch ihn (Lazarus). Vulgata: per eam. Luther: dadurch.

11,5 ἠγάπα – Jesus liebte die Geschwister mit der höchsten, geistgetragenen Liebe (ἀγάπη).

11,6 Christus wartet bis zum rechten Augenblick (vgl. 7,6). Der Ort, von dem aus Christus wirkt, ist durch die Geistigkeit des Täufers Johannes bestimmt. In den zwei Tagen ist Christus nicht untätig, vielmehr mit Lazarus geistig verbunden. Zeitbestimmungen und Hinweise auf Örtlichkeiten betonen die Authentizität des Berichtes.

- 11,10 *Er hat kein Licht in sich.* Er bedarf der inneren Sonne, als die der Christus sich offenbart.
- 11,15 *doch lasst uns zu ihm gehen.* Beim Gang nach Bethanien wird der Jordan überquert.
- 11,16 Die Hervorhebung des Jüngers Thomas deutet wohl darauf hin, dass er in näherer Beziehung zum johanneischen Kreis stand. Vgl. die Parallelen zum Thomasevangelium. Vgl. auch 14, 5. – 20, 24 – 29.
- 11,17 Mit dem Hinweis auf den vierten Tag betont Johannes, dass es sich um mehr handelt als um einen Einweihungsschlaf: Lazarus hat wirklich die Schwelle des Todes überschritten.
- 11,19 Die große Anteilnahme bestätigt, dass Lazarus zum Kreis der Führenden in Jerusalem gehörte.
- 11,20 Martha ergreift die Initiative.
- 11,25 Vulgata: Ego sum resurrectio et vita. – O. Cullmann, 1948: «Zentrum des ganzen Evangeliums».
- 11,26 *in alle Ewigkeit.* Vorausdeutung auf den endgültigen Sieg über den Tod am Kreuz auf Golgatha. Vgl. 1 Kor 15,26: «Der letzte Feind, der vernichtet wird, ist der Tod.» – Das «Leben im Sterben» meint den Lebensleib. Das «Nicht mehr sterben in alle Ewigkeit» meint die Verwandlung des physischen Leibes in den Auferstehungsleib. «Der erste Mensch, Adam, wurde zu einem lebendigen Wesen, und der letzte Adam zum Geist, der lebendig macht.» (1 Kor 15,45) – Dodd, 1963, 148: «the ‹resurrection› of which Jesus has spoken is something which may take place before bodily death, and has for its result the possession of eternal life here and now.»
- 11,27 *kommt.* Futurisch zu verstehen; kräftiger als die wörtliche Wendung: «der in die Welt kommen soll.» Dem Bekenntnis der Martha entspricht bei den Synoptikern

das Bekenntnis des Petrus vor dem Aufstieg zum Berg der Verklärung: als «Ermöglichungsgrund». Martha ist in der Lazarusperikope gegenüber Maria Magdalena hervorgehoben.

11,28 *Der Meister.* Wörtlich: der Lehrer (διδάσκαλος).

11,32 Maria Magdalena spricht die gleichen Worte, die Martha gesprochen hat.

11,34 *vom Ich erschüttert*. Die Erschütterung ist nicht von außen angeregt: Er erschütterte sich selbst (ἐτάραξεν ἑαυτὸν).

11,35 Tränen sind verdichtete Lebenskraft, die Lazarus durch Christus zuteil wird. Klünker, 2006, 93, erinnert in diesem Zusammenhang an ein Wort des Thomas von Aquin: «Wie Johannes deutlicher als die anderen Evangelisten die göttliche Natur und Macht (Jesu Christi) zeigt, so spricht er auch (deutlicher als die anderen Evangelisten) über seine Schwächen, nämlich dass er weinte, dass er in Erregung geriet und ähnliches, was als intensivstes Gefühl die menschliche Natur in Christus aufzeigt.» Johannes sieht den Christus zugleich göttlicher und menschlicher; aber die tiefer gehende Menschlichkeit hat nichts mit Schwäche zu tun, ist vielmehr Ausdruck stärkerer Gotteskraft.

11,39 Gerochen hat Martha nichts: Es ist nur eine Vermutung wegen des vierten Tages (Die Lebensform verlässt den physischen Körper endgültig nach drei Tagen). – Einige Interpreten halten Marthas Einwand «Er riecht schon» wohl zurecht für eine spätere Ergänzung.

11,41 *Jesus hob die Augen auf.* Vgl. 6,5 und 17,1.

11,42 Siehe 1 Jo 5,14 f. «Wir haben ihm gegenüber die Zuversicht, dass er uns hört, wenn wir etwas erbitten, das seinem Willen entspricht. Wenn wir wissen, das er uns bei allem hört, was wir erbitten, dann wissen wir auch, dass er unsere Bitten schon erfüllt hat.»

- *gesandt.* Vgl. 3, 34; – 5, 30; – 17, 3.
- 11,43 *Hierher! Heraus!* Frei übersetzt: «Komm heraus!», nach Vulgata: «Veni foras!»
- 11,49 Nach jüdischem Recht war das Amt des Hohenpriesters lebenslänglich. Die römischen Statthalter achteten es aber nicht, sondern ernannten und setzten ab nach ihrem Ermessen, manchmal schon nach einem Jahr. Kaiphas gelang es immerhin, sein Amt 20 Jahre lang auszuüben. (nach Barrett).
- 11,50 Kaiphas fürchtete einen Volksaufstand. Es gab Versuche, Jesus zum König auszurufen. Vgl. 6,15. Die Forderung, «ein Mensch sterbe fürs Volk» gründet in der jüdischen Religion. – Klopstock: Der Messias (1773), 4,97: «Besser töten wir einen, als dass wir alle verderben.»
- 11,51 Jesus starb allerdings nicht für das Volk sondern für die Menschheit.
- 11,52 Vgl. 10,6 (Hirt und Herde).
- 11,53 Vgl. 8,37 und 40. 11,53 bezeichnet den offiziellen Beschluss, Jesus zu töten. – Die Einzelheiten V. 47–53 kann nur jemand berichten, der dabei war. Der Evangelist gehörte offensichtlich dem Hohen Rat an, wie dies auch V. 18,15 nahelegt. Daher berichtet auch nur er von dem Gespräch mit dem Ratsherrn Nikodemus.
- 11,55 Das dritte Ostern. Vgl. 2, 13 und 6, 4.

12
Vor dem letzten Osterfest

Die Salbung in Bethanien

12,1 Das Passahfest begann Freitag, 3. April, um 18 Uhr. Die Salbung in Bethanien erfolgte demnach am vorhergehenden Samstag nach 18 Uhr. Die letzte Woche im dreijährigen Erdenwirken des Logos wird im Folgenden genau beschrieben: Es handelt sich um den Bericht eines Augenzeugen.

12,2 Dieses Mahl ist zu unterscheiden vom Gastmahl des Pharisäers Simon nach Lk 7. Die dort auftretende «große Sünderin» wurde im Mittelalter fälschlicherweise mit Maria Magdalena gleichgesetzt. Auch die Darstellung nach Mt und Mk zeigt gewichtige Unterschiede, so dass es sich doch wohl um verschiedene Begebenheiten handelt. Durch die Salbung wird Jesus als Messias bezeugt. Christus bezieht die Salbung auf seinen bevorstehenden Tod. Vgl. die Grablegung: 19, 38 ff.

– *Martha bediente.* Vgl. Lk 10, 38 – 42.

12,3 1 röm. Pfund = 327, 25 Gramm.

12,7 Das «ätherische» Öl geht – als Flüssigkeit – in das Element Luft über (vgl. V. 3): Bild für die Seele, die den Leib verlässt.

Der messianische Einzug in Jerusalem

12,12 *Am nächsten Tag.* Sonntag, 9. Nisan.

12,15 Sach 9, 9. «Juble laut, Tochter Zion! Jauchze, Tochter Jerusalem! Siehe, dein König kommt zu dir. Er ist gerecht und hilft. Er ist demütig und reitet auf einem Esel, auf einem Fohlen ...» Hierdurch gibt Jesus zu verstehen, dass er der erwartete Messias ist. – Origenes deutet den Einzug in Jerusalem allegorisch als Einzug des Wortes Gottes in die Seele des Menschen (In Jo X, 28, 174). – Die Reihenfolge ist zu beachten: Erst nachdem das Volk den Christus als König Israels begrüßt, setzt er sich auf das Eselsfüllen. Nach Mk 11, 10 wird Christus ausdrücklich als Sohn Davids begrüßt: «Gelobt sei das kommende Reich unseres Vaters David.»

12,16 *Zuerst verstanden dies die Jünger nicht*. Nach Acta 4, 13 waren die Apostel ungebildete Leute.

– *erinnerten sie sich*. Das Sich-erinnern ist, nach 14, 26, Wirksamkeit des Heiligen Geistes. Vgl. 2, 17 und 2, 22 (Nach seiner Auferstehung von den Toten erinnerten sich seine Jünger). Der durch Johannes vertiefte Begriff der Erinnerung führte Rudolf Steiner zur Formulierung: «Im Anfang war die Erinnerung.»

12,21 Die Griechen suchen Jesus, während die Juden seinen Tod planen. Sowohl Paulus als auch Johannes selbst verdanken ihr Verständnis des christlichen Mysteriums bis zu einem gewissen Grade ihrer griechischen Bildung. – Vgl. Jes 11, 10. W. J. Bittner, 1987.

12,22 Philippus und Andreas waren also enger befreundet.

12,23 *Menschensohn*. Vgl. 1, 51. – 3, 13 u. Anm.

12,24 Das «Für-sich-bleiben» bedeutet Stillstand: Es negiert die Entwicklung, das Lernen, die Menschwerdung. Goethe: «Stirb und werde.»

– *bringt es viel Frucht*. «Diese Frucht ist die Gottesgeburt in der Seele.» (Meister Eckhart: Sermo LV, 2).

12,25 *Und wer sein Seelenleben liebt*. ὁ φιλῶν τὴν ψυχὴν αυτοῦ. Psyche bedeutet sowohl Seele als auch Leben. Vul: Qui amat animam suam, perdet eam.

– *in alle Ewigkeit*. εἰς ζωὴν αἰώνιον. Vul.: et qui odit animam suam in hoc mundo, in vitam aeternam custodit eam.

12,27 Vgl. Einsamkeit und Gebet in Gethsemane bei den Synoptikern. Jesus erlebt eine Art Versuchung. Zur Bitte um Kraft, die Versuchung zu bestehen, vgl. Krüger: Dürer, 2009, S. 312 – 318.

12,28 *verkläre deinen Namen.* Mit dieser Bitte «taucht das Gebet in den Lichtglanz des Heiligen Geistes ein». (Frieling, 4, 68).

– *Ich habe ihn verklärt.* Vgl. Mt 17: «Und sein Angesicht leuchtete wie die Sonne, und seine Kleider wurden weiß wie das Licht». Mk 9, Lk 9. Krüger, Verklärung, 2003.

– *und werde ihn verklären.* Am Kreuz: durch Tod und Auferstehung.

12,31 *wird ausgestoßen werden.* Andere Lesart: hinabgeworfen. Vorankündigung der Apokalypse. Neben Diábolos und Sátanas das dritte Prinzip des Widergöttlichen.

12,32 Mit dem Verlangen der Griechen und der Antwort Christi wird die menschheitliche Dimension des Mysteriums hervorgehoben. Die Erhöhung erfolgt am Kreuz (im Doppelsinn) – zur Rettung aller Menschen. Christus ist der erwartete Messias als König der Juden, zugleich aber der Menschensohn, der für die Menschheit stirbt und aufersteht. Vgl. 3, 14. – 8, 28.

12,33 Hinweis auf den Tod am Kreuz als Erhöhung.

Die Rede über Licht und Finsternis

12,34 Vgl. 2 Sam 7, 16. «Dein Haus und dein Königtum sollen durch mich auf ewig bestehen bleiben.». Der Christus (Messias) stammt dem Samen nach von David ab. – Die Menge kann nur irdisches Königtum denken. Der Sinn der Rede Christi bleibt ihr verborgen. Schnackenburg, 2001, 2, 508: «Bei Joh ist Jesus der bereits vom Himmel herabgestiegene Menschensohn, der nun, in der Stunde seiner Verherrlichung (12, 23; 13, 31), ‹aufsteigt› (3, 13; 6, 62), und dafür kann es auch heißen, dass er ‹erhöht› wird (3, 14; 8, 28; 12, 34). Obwohl das ‹Erhöhen› zunächst Kreuzigung meint, gehört es doch in jener Stunde mit der Verherrlichung zusammen.»

12,36 «Einst waret ihr Finsternis, jetzt aber seid ihr Licht im Herrn, wandelt als Kinder des Lichtes.» (Eph 5, 8). Christus ist das Licht der Welt. 8, 12. – Vgl. 1, 5. – 1 Jo 1, 5 – 7. – 1 Jo 2, 8 ff. – Nikolaus von Kues, Predigt CXXXIII: «Siehe, dass er die Finsternis Unwissenheit nennt.»

12,38 Jes 53, 1. «Wer hat unserer Kunde geglaubt? Der Arm des Herrn – wem wurde er offenbar?»

12,40 Jes 6, 9 f. «Verhärte das Herz dieses Volkes ... damit sein Herz nicht zur Einsicht kommt und sich nicht bekehrt und nicht geheilt wird.» Vgl. auch den Prolog: «Die Finsternis hat's nicht erfasst.» – Man beachte den Wechsel von ‹er› zu ‹ich›: Johannes spricht zunächst von Gott – mit Jesaja – in der dritten Person; am Ende des Zitats identifiziert er sich selbst mit Jesaja und dem Heiland, den Jesaja vorherverkündet und in der Praeexistenz geschaut hat. Vgl. R. Schnackenburg, 2001, 4, 150 und ders., 1973, S. 364 ff.

12,42 *von den Oberen*. Neben Lazarus, dem Jünger «den der Herr lieb hatte», werden namentlich genannt: Nikodemus und Joseph von Arimathia.

12,45 Vgl. Ex 33, 20: «Kein Mensch kann mich sehen und am Leben bleiben.» In Christus wurde Gott gesehen. Entscheidendes Argument im Bilderstreit. Vgl. 14, 7. 9.

12,49 Christus ist das Wort des Vaters.

2. Teil:
Passion und Auferstehung

13
Das letzte Abendmahl

Die Fußwaschung

13,2 *Beim Abendmahl.* Wörtlich: Und während ein Mahl stattfand. – Das letzte Abendmahl war kein Passahmahl im Sinne des orthodoxen Judentums, denn es fand am vorangehenden Abend statt, am Donnerstag, 2. April (13. Nisan), im Jahre 33. Die Lämmer wurden erst am 14. Nisan (Freitag, 3. April) geschlachtet – zur Zeit der Kreuzigung Christi. Darauf nimmt auch die Apokalypse Bezug. Christus ist das Lamm, das geschlachtet wird. Das Passahfest fiel auf den Sabbat und begann Freitag 18 Uhr. Freitag war der «Rüsttag» (19, 14).

– διάβολος. Diábolos – Teufel, Verleumder, der Geist der Vereinzelung. Er wirkt in der Evolution als Widersacher Gottes. Hier wird er zum dritten Mal genannt: vgl. 6, 70. – 8, 44.

13,5 *den Jüngern.* Nach synoptischer Überlieferung begab Jesus sich mit den Zwölfen zum letzten Abendmahl. R. Schnackenburg, 3, 45: «In der joh. Darstellung ist nur noch von den Jüngern die Rede (13, 5, 22 f), so dass der Teilnehmerkreis unbestimmt bleibt. Geschieht das absichtlich im Hinblick auf den Jünger, den Jesus liebte?» Der Jünger, den der Herr lieb hatte, kommt offensichtlich als Dreizehnter hinzu. In der Kunstgeschichte gibt es nicht wenige Darstellungen mit 13 Jüngern: Speculum humanae salvationis (Kremsmünster), 1. Hälfte 14. Jh., fol. 21 v und 48 v. Glasfenster, Ende

14. Jh. im Dom zu Halberstadt (Chorumgang n IV 2 b). Weitere Beispiele in Krüger: Dürer, 2009.
Möglicherweise kam der Lieblingsjünger erst *nach* Einsetzung des Abendmahls; ihm wurde aber zweifellos berichtet. Wenn er die Einsetzung nicht erwähnt, ist dies von Bedeutung. Er zeigt einen Weg zur inneren Erfahrung ohne das Sakrament. In diesem Sinne spricht R. Steiner, anknüpfend an Johannes, von einem «geistigen Abendmahl» oder von einer «geistigen Kommunion» (13. 10. 1911): «Vom Physischen zum Geistigen muss sich das Abendmahl entwickeln, um hinzuführen zur wirklichen Vereinigung mit dem Christus.» (7. 7. 1909). Der innere Weg beginnt mit der Fußwaschung.
Die Fußwaschung ist für Johannes die innere Mitte und der Höhepunkt beim letzten Abendmahl – als Ausgangsstimmung für den Weg, der zur Auferstehung führt. – R. Bultmann, 1963, 371, sieht im großen Abschieds-Gebet (c. 17) eine Entsprechung zur Einsetzung der Eucharistiefeier. – Bei den Synoptikern fehlt die Perikope der Fußwaschung.

13,8 Die Füße des Menschen sind im Tierkreiszeichen «Fische» repräsentiert. Christus ist der wahre Fisch. «Mit den Füßen werden sie seine Gegenwart fortan erfahren können.» (R. Meyer, 1962, 142).

13,10 ὁ λελουμένος – der Gebadete. Wer sich gereinigt hat, bedarf nur noch der Fußwaschung. Andere Lesart: Wer gebadet wurde, muss sich nicht mehr waschen. Das Verb λούειν war für religiöse Waschungen gebräuchlich (Bauer-Aland).

– *So ist er dann ganz rein.* Wer sich gereinigt (gebadet) hat, wird die Füße nicht ausgelassen haben. Die Fußwaschung, derer er noch bedarf, ist eine Reinigung auf höherer Ebene. Sie erfolgt im Dienst am Andern, vgl. V. 14. – C. H. Dodd, 1953, 402: «‹Water› is the instrument of regeneration (3, 5), the vehicle of eternal life (4, 13 – 14)». – Vgl. 15, 3 (Die wahre Reinigung erfolgt durch das Wort).

13,11 Christus hat auch Judas die Füße gewaschen.

13,14 Gemeint ist nicht die Einsetzung eines Rituals, sondern die Gesinnung: dem Andern dienen. Seid einander Diener!

13,15 ὑπόδειγμα – Vorbild, Beispiel. Ein Vorbild kann nachgeahmt werden. Nachahmung ist von Nachfolge zu unterscheiden, siehe: A. Schulz, 1962.

13,16 Das «größer als» ist aufgehoben, indem sich der Herr zum Knecht gemacht hat. Der Knecht ist nicht größer als sein Herr, obwohl dieser ihm dient und es so scheint, als sei der Knecht der Herr. Vgl. Hegel. Phänomenologie des Geistes, IV, A. – Vgl. 15, 20.

13,18 *tritt mich mit Füßen.* Ps 41, 10. – Einheitsübersetzung: «Einer, der mein Brot aß, hat mich hintergangen.» Dietzfelbinger: «hat erhoben gegen mich seine Ferse.»

Die Bezeichnung des Verräters

13,23 Johannes liegt an der Brust Christi, wie Christus an der Brust des Vaters. Vgl. 1,18, Einheitsübersetzung: «Der Einzige, der Gott ist und am Herzen des Vaters ruht, er hat Kunde gebracht.» In Dürers Großer Holzschnitt-Passion liegt, bei der Grablegung, Jesus an der Brust des Lieblingsjüngers.

13,24 Johannes lag offensichtlich zwischen Christus und Petrus, so dass dieser nicht selber fragen konnte. Vermutlich lag er zur Rechten des Herrn, gestützt auf seinen linken Arm.

13,27 σάτανας. Sátanas – der Herr des Todes; von Diábolos
– Teufel (6, 70. – 13, 2) zu unterscheiden. – Vgl. Lk
22, 3. – In der Darstellung der Passion gibt es etliche
Übereinstimmungen zwischen Johannes und Lukas.
Vgl. Otto zur Hellen, in: Rengstorf, 1973.

13,29 *Beutel.* Wörtlich: Kästchen. Judas verwaltete die Gemeinschaftskasse.

13,30 Erst empfängt Judas den Bissen – er wird ihm *gegeben (V. 26);* dann *nimmt* er ihn, nachdem der Satan in ihn gefahren ist.

– Die äußere Finsternis entspricht der inneren Finsternis in der Seele des Verräters. (Augustinus: «Der hinausging, war selbst Nacht.»).

Die Abschiedsreden

Das Gebot der Liebe

13,31 Luther, 1545: «Nu ist des menschen Son verkleret / und Gott ist verkleret in jm.» Luther, 1984: «verherrlicht». – «Alle Herrlichkeit wurde nämlich nicht für das Wort, sondern für das Fleisch erworben, d. h. nicht dem Sohne Gottes, sondern dem Träger des geborenen Menschentums.» (Hilarius: 12 Bücher, IX, 40). Vgl. 1,51. – 3,13.

13,33 *Kinder.* Gemeint sind Kinder Gottes. Vgl. 1, 12. Im großen Brief (siehe Band 2) kommt diese Anrede siebenmal vor. Vgl. auch Gal 4,19.

– *könnt ihr nicht hingelangen.* Vgl. 7,34 (Auf dem Laubhüttenfest).

13,34 Das «neue Gebot» nahm Fichte zum Anlass, auch das Anfangswort, nach Dasein und Form, als Wort der Liebe zu denken: «Im Anfange, höher denn alle

Zeit, und absolute Schöpferin der Zeit, ist die Liebe; und die Liebe ist in Gott, denn sie ist sein Sich-selbst-Erhalten im Dasein; und die Liebe ist selbst Gott, in ihr ist er und bleibet er ewig, wie er in sich selbst ist. Durch sie, aus ihr als Grundstoff, sind vermittelst der lebendigen Reflexion alle Dinge gemacht ...» (Anweisung ..., 1962, S. 159). – Vgl. auch die Johannes-Briefe. – Goethe schrieb am 7. 11. 1816 an Zelter: «Ich habe ja nur das Testament Johannis gepredigt: Kindlein liebt euch, und wenn das nicht gehen will: lasst wenigstens einander gelten.»

13,35 Liebe (ἀγάπη) als vereinende Kraft des Heiligen Geistes.

Die Ankündigung von Petri Verleugnung

13,36 ὑπάγω – ich gehe, im Doppelsinn. Christus spricht verhüllt vom Kreuzestod. Petrus kann ihm jetzt nicht folgen, wohl aber später: in Rom unter Kaiser Nero.

13,37 *Mein Leben.* Wörtlich: meine Psyche – Seele oder Leben. Der Vers deutet an, dass Petrus ahnt, worum es geht. Barrett, 1990: «Petrus hat die besten Absichten, aber er bleibt in der Welt der Sünde, der Unwissenheit und des Unglaubens.»

13,38 Vgl. Lk 22,34. Die Vorhersage tritt ein: c. 18,17–26.

14

Viele Wohnungen

14,1 ταράσσω – aufgewühlt sein. Einheitsübersetzung: «Euer Herz lasse sich nicht verwirren.» Vgl. 5, 7. – 12, 27 (Ölberg).

- R. Bultmann: «denn an Gott könnt ihr ja nur glauben durch mich.» Christus ist der Weg zum Vater.
14,2 Die «vielen Wohnungen» entsprechen der Individualisierung des Geistes, die in den pfingstlichen Flammen angedeutet ist. Vgl. auch die «anderen Schafe» (10,16). Es gibt nur eine Herde und einen Hirten, aber verschiedene Ställe. Vgl. auch 14,23.
14,3 *wiederkommen*. Ankündigung der Parusie: Christus kehrt «in den Wolken» wieder (Apk 1, 7), das heißt: auf ätherischer Seinsebene. Vgl. 14, 18.

Der Weg zum Vater

14,5 εἶδον – sehen, erkennen. – Christian Morgenstern, Wir fanden einen Pfad, 1914: «Wer vom Ziel nichts weiß, / kann den Weg nicht haben.»
14,6 Vulgata: Ego sum via, et veritas et vita. Der Weg «führt ins verlorene Paradies. Da sehen wir die beiden Paradiesesbäume stehen: ‹Und die Wahrheit› – der Baum der Erkenntnis; ‹Und das Leben› – der Baum des Lebens.» (F. Rittelmeyer, 1938, S. 186 f.) – Für R. Steiner bildet das Wort den Schlüssel zum Verständnis der Verklärung auf dem Berge: Moses repräsentiert die Wahrheit, Elias den Weg und Christus – in der Mitte – das Leben (Vortrag 9. 2. 1906, GA 97).
14,7 Vgl. Ex 33, 20 (Wer Gott schaut, stirbt). In Christus konnte Gott gesehen werden, weil er in ihm Mensch geworden ist. – Vgl. V. 9. – 12, 45, auch 20, 29. – J. Ratzinger, Einführung, 1990, S. 294: «In Christus, dem Menschen, treffen wir Gott.»

KOMMENTAR

Vater und Sohn

14,12 Aus den folgenden Versen wird deutlich, dass es der Christus ist, der durch die Jünger und mit den Jüngern die «größeren Werke» tut. Letztlich wirkt sogar der Vater die «größeren Werke» durch den Sohn. Es geht um die Vergeistigung der Materie, um die Rückführung ins Eine. An diesem «großen Werk» werden die Menschen durch Christi Opfer zu Mitgestaltern, und um diesen Anteil sind die Werke tatsächlich größer.

14,14 Vers 14 sollte nicht gestrichen werden. Er ist eine gewollte Verstärkung von Vers 13.

Der Geist der Wahrheit als anderer Helfer

14,16 *einen andern Helfer.* Den Ausdruck «Paraklet» (παράκλητος) hat Luther mit «Tröster» übersetzt. Das Verb παρακαλεῖν bedeutet ermahnen. Der Paraklet bezieht sich auf die dritte göttliche Person, den Heiligen Geist. In den folgenden vier Paraklet-Sprüchen wird von ihm gesagt, dass er belehrt und erinnert, den Christus – wie der Vater – bezeugt, die Welt der Sünde überführt und das Recht verkündet, die Logos-Jünger in die volle Wahrheit führt und damit auch vom Kommenden spricht, und den Christus verklärt (Jo 14, 26; 15, 26; 16, 7 – 11, 13 f.). Die Kirchenväter haben sein Wirken als Kraft der göttlichen Liebe interpretiert. Siehe Augustinus: De Trinitate (um 400); Anselm von Canterbury: Monologion (um 1075).
Francis Bacon (Baco von Verulam, 1561–1626): «Die erste Schöpfungstat Gottes an den Schöpfungstagen war das physische Licht, die letzte Schöpfungstat war das Licht der Vernunft; und sein Sonntagswerk all die

Zeit seither ist die Erleuchtung durch den heiligen Geist. Zuerst hauchte er Licht auf das Angesicht des Stoffes oder des Chaos; dann hauchte er Licht auf das Antlitz des Menschen und immer noch haucht und ergießt er Licht auf das Antlitz seines Auserwählten.» (Von der Wahrheit. Essays, 1595).

14,17 τὸ πνεῦμα τῆς ἀληθείας – der Geist der Wahrheit wird dreimal genannt, vgl. 15, 26 und 16, 13.

– *und in euch wird er sein.* Das In-Sein des Geistes konnte Aristoteles noch nicht erkennen. Vgl. De anima III, 5: Der ewige Geist geht in seiner Sicht keine Verbindung ein mit der leibgebundenen Seele (Krüger: Ichgeburt, 1996). Origenes betont, dass die vorchristlichen Philosophen wohl einen Begriff von Vater und Sohn hatten: «Von dem Dasein des Heiligen Geistes aber konnte niemand auch nur eine Ahnung haben, außer denen, die mit dem Gesetz und den Propheten vertraut sind und denen, die sich zum Christusglauben bekennen.» (De Princ. I, 3, 1). Die Ausgießung des Geistes erfolgt erst zu Pfingsten (Acta 2, 1-13).

14,18 *ich komme zu euch.* Vgl. 14, 3. Die Parusie erfolgt nicht erst am Ende der Zeitenkreise, sondern schon jetzt: Mit dem Geist kommt immer auch *das Wort* Gottes.

Liebe und Offenbarung Christi

14,19 *ihr werdet leben.* Die Jünger Christi werden leben, soweit sie das Wort Gottes verinnerlicht haben; denn das Wort, der Christus, ist das wahre Leben.

14,20 *An jenem Tag.* Ostersonntag.

14,21 Die Offenbarung erfolgt in der Seele, wenn in ihr der Geist waltet, vgl. V. 17.

14,22 In der Überlieferung seit Origenes Judas Thaddäus (auch

Lebbäus) genannt. Vgl. Mk 3,16–19. Hierzu O. Cullmann: Der 12. Apostel in: Cullmann, 1966, S. 214 ff.
- «Die Welt» hat sich von Gott abgewendet und liebt die Finsternis mehr als das Licht; darum kann sie die Offenbarung Christi nicht empfangen, die nur der Geist vermittelt, den die Welt nicht kennt (V. 17).

14,23 *und Wohnung bei ihm nehmen.* Gegenbewegung zu 14,2. Die Gottheit verbindet sich jeder einzelnen, auf dem Wege befindlichen Seele. Wer Gott sucht, dem kommt er entgegen (Origenes).

14,25 Die Vergangenheitsform ‹war› deutet auf die gegenwärtige Inspiration des Evangelisten.

Die Erinnerung des Geistes

14,26 τὸ πνεῦμα τὸ ἅγιον – der Heilige Geist. «Die Worte Christi sind nämlich solcher Art, dass sie nicht begriffen werden, wenn nicht der Heilige Geist dabei anwesend ist.» (Nikolaus von Kues: Predigten, 2007, S. 206). Das Johannesevangelium ist in diesem Sinne eine «Erinnerung» des Heiligen Geistes. Vgl. auch O. Cullmann, 1975, S. 18 f.

Frieden im Abschied

14,27 Die Gabe des Friedens muss *angenommen* werden. Sie ist eine Äußerung der Liebe Christi. Vgl. den dreifachen Friedensgruß des Auferstandenen: 20, 19. 21. 26. Auch 16, 33. – Nikolaus von Kues, Pr. CLXVIII: «Ein Ding besteht nur, insofern es am Frieden teilhat.»
- *nach Art der Welt:* im Sinne eines der Sitte gemäßen Grußes ohne Folgen. Die Worte Christi sind wahr und wirklich.

14,28 Die Wiederkehr setzt den Hingang voraus. Vgl. 14, 3. 18.
- *Denn größer ist der Vater.* Der Vater ist «größer» als der Sohn, weil der Sohn vom Vater ausgeht und von ihm verklärt wird. Damit ist der Sohn aber nicht «geringer» (wie Arius lehrte), denn die Einheit und Gleichheit von Vater und Sohn wird immer wieder hervorgehoben, schon im Prolog: «Gott war das Wort».
14,29 Glaube ist mehr als Tatsachenwissen. Aber Erkennen ist mehr als Glauben. – Vgl. die Vorhersage in 13,19.
14,30 Dreimal wird der «Fürst der Welt» genannt, ὁ τοῦ κόσμου ἄρχων. Vgl. 12,31. – 16,11.
- *findet er nichts.* Die Leiblichkeit Jesu wird auf Golgatha verwandelt. Das Grab war leer.
14,31 *Erhebt euch.* R. Schnackenburg, 2001: «... sicher wörtlich, nicht metaphorisch gemeint.» Chr. Rau, 1972, 32, versteht den Satz mit Rittelmeyer, 1938, 250, – nach R. Steiner – «als Ausdruck für eine innere Erhebung». Beide Ansichten werden dem Text gerecht. Die Jünger sind so tief berührt, dass sie – die Worte des Herrn in sich wirken lassend – zunächst sitzen oder liegen bleiben und Christus erneut einsetzt und seine Rede steigert bis hin zum Gebet des Lichtes und der Liebe (c. 17). – Vgl. auch H. Zimmermann, 1967, 289 f. (doppelsinnig). – Die Abschiedsreden fehlen bei den Synoptikern.

15

Weinstock und Reben

15,1 Ἐγώ εἰμι ἡ ἄμπελος ἡ ἀληθινή. Vulgata: Ego sum vitis vera. «Er hat sich in die Erde pflanzen lassen ... dieser

Weinstock kann nie mehr ausgerissen werden.» (J. Ratzinger, 2007, 303). – Jer 2,21 wird Israel als Weinstock bezeichnet. – Bultmann, 1963, 407: «Weder ein Vergleich liegt vor, noch eine Allegorie ... Der Weinstock ist der Lebensbaum.» Demnach ist «alles natürliche Leben kein wahres Leben». Vgl. das Kreuz mit Reben in der Bildenden Kunst. – In Ps 80 wird der Weinstock zusammen mit dem Menschensohn genannt.

15,2 Reinigen bedeutet hier – auf der Sinnesebene – das Entfernen überschüssiger Triebe, auf der seelischen Ebene Prüfung.

15,3 *Ihr seid schon rein des Wortes wegen.* Das Wort hat reinigende Wirkung insofern Christus das Wort *ist*, das er gesprochen hat. Darin liegt die Bedeutung der Niederschrift des Evangeliums durch Johannes: Niemand hat das Wort inniger erfahren als er; sodass jeder Leser in jedem «heute» die reinigende Kraft erfahren kann.

15,4 Vgl. 14,20. – 17,21–23. – Das Wort μένειν = bleiben wurde 40 Mal gezählt (Strecker 1989, 99 f.). Vgl. 1 Jo 2,6.

15,5 *Ich bin der Weinstock.* Ebenso wie in 6,55 f. kann auch hier vom Leser ein Bezug zur Eucharistie hergestellt werden (z.B. Loisy, 1921). Für den Evangelisten jedoch handelt es sich um eine rein christologische Aussage ohne Bezug auf die Einsetzung des Abendmahls, die er nicht erwähnt. Vgl. R. Schnackenburg, 2001, 4, 163.

15,6 Vgl. Ez 15, 1–8. «Wie ich das Holz des Weinstocks, das zwischen den Bäumen des Waldes heranwuchs, dem Feuer zum Fraß übergab ...»

15,8 *und werdet meine Jünger.* Die Jünger sind noch nicht wahre Jünger, die viel Frucht tragen. Sie mögen es werden durch «Bleiben» in Christus.

15,11 *Dies habe ich zu euch gesprochen.* Vgl. 14,25; 16,1 – wiederkehrende Formel (E. Lohmeyer, 1928, 29).
- χαρά= Freude. Vgl. 16, 24; – 17, 13.

Freundschaft und Liebe

15,13 ψυχή – Seele, Leben. Hinweis auf Golgatha.
15,14 ὑμεῖς φίλοι μού ἐστε – *Ihr seid meine Freunde.* Christus erhebt die Knechte Gottes zu Gottesfreunden. Der griechische Begriff der Freundschaft wird durch den Heiligen Geist erweitert: durch die geistige Liebe, die im Erkenntnisleben wurzelt. Christus stiftet das geistige Band der Bruderliebe. Vgl. 20, 17.

Der Hass der Welt

15,18 Vgl. 7,7 (mich aber hasst sie); 17,14 (Die Welt hat sie gehasst).
15,19 *Kämet ihr aus der Welt.* Vgl. 17,14 (weil sie nicht von der Welt sind).
15,20 Nach der Fußwaschung, siehe 13,16.
- *so werden sie auch euch verfolgen.* Johannes selbst wurde gefoltert. Gegnerschaft erwuchs ihm auch unter Christusbekennern, vgl. seinen dritten Brief.
15,21 *um meines Namens willen.* Der Hass der Welt trifft weniger die Jünger als den Christus, den sie verkünden.
15,25 Ps 69, 5. «Zahlreicher als die Haare auf meinem Kopf sind die, die mich grundlos hassen.»

Der bezeugende Geist

15,26 *der Helfer* – Paraklet. Hinweis auf Pfingsten, vgl. Apg 2.
- *Der Geist der Wahrheit, der vom Vater ausgeht.* Die Aus-

legung dieser Stelle führte zur Kirchenspaltung, weil die lateinischen Väter das «filioque – und vom Sohn» hinzugefügt haben, das sich aus der Einheit von Vater und Sohn ergibt.
– *Er wird mein Sein bezeugen.* Johannes bekundet hiermit, sein Evangelium mit Hilfe – durch Inspiration – des Heiligen Geistes geschrieben zu haben. – Apk 19, 10: «Das Zeugnis Jesu Christi ist der Geist der Prophetie.»

15,27 ἀπ' ἀρχῆς – von Urbeginn.

16

16,1 σκανδαλίζω, σκανδαλίζεσθαι – straucheln, in Anfechtung fallen, zur Sünde verleitet werden. – Luther, 1545: «das jr euch nicht ergert», 1984: «damit ihr nicht abfallt». – Vgl. 1 Jo 2, 1.

Der Geist der Unterscheidung

16,7 *Ich sage euch die Wahrheit.* Die Wahrheit, die er selber ist.
– *Ich gehe fort.* Der Weggang Christi ist nicht nur die Voraussetzung zur Sendung des Heiligen Geistes, sondern auch zur Begegnung mit dem Auferstandenen auf höherer Seinsebene, wofür Paulus vor Damaskus das Vorbild ist.
– *der Geist.* Vgl. 14, 16 (Ich will den Vater bitten, / dass er euch einen *andern Helfer* sende..

16,9 *die Sünde.* Bultmann, 1963, 434: «Die Verschlossenheit gegen die Offenbarung, die alle weltliche Sicherheit in Frage stellt und eine andere Sicherheit eröffnet, – das ist die eigentliche Sünde.» Mit Sünde sind hier nicht einzelne Verfehlungen gemeint; denn für sie wird es einen Ausgleich geben. Der Unglaube jedoch ist eine Absage an den Geist. Der Geist eröffnet den Weg; aber der Unglaube verhindert, ihn zu beschreiten.

16,11 *Gerichtet ist der Herrscher dieser Welt.* Vgl. 12,31. – 14,30. Mit Diábolos, Sátanas und «Herrscher dieser Welt» bezeichnet Johannes das dreifache Böse als Gegenbild zur göttlichen Trinität. Vgl. die Apokalypse. Im Johannesevangelium wird das widergöttliche Prinzip in seiner dreifachen Ausgestaltung siebenmal genannt. Vgl. Frieling, 1986, 4, 79.

Der prophetische Geist der Verklärung

16,13 *führt er euch in die volle Wahrheit.* Nur aus der Kraft des heiligen Geistes ist eine Erweiterung der Verstandesgrenzen und damit ein zureichendes Verständnis des Christusmysteriums möglich. Vgl. 1 Kor 2, 10 – 16. Schnackenburg, 2001 zitiert Philo: «Denn der menschliche Geist (νοῦς) würde nicht so scharfblickend geradeaus streben, wenn nicht auch ein göttlicher Geist (θεῖον πνεῦμα) da wäre, der ihn zu Wahrheit selbst führte.»

– *Er wird nur reden, was er hört.* «Das Aussprechen des göttlichen Wortes ist der Heilige Geist.» (Nikolaus von Kues: Predigt CLVIII, 2007, S. 211).

16,16 *dann werdet ihr mich sehen.* Ankündigung von Tod und Auferstehung.

Fragen der Jünger

16,17 Johannes betont die Ratlosigkeit der Jünger angesichts der Tiefe des Mysteriums. Jesus lässt sie zunächst in der Fragehaltung verharren.

- *dann seht ihr mich nicht mehr:* Karsamstag.
- *dann werdet ihr mich sehen:* Ostern bis Himmelfahrt, die zweite «kleine Weile» (μικρὸν).

16,18 Das Nichtverstehen der Apostel wird in allen vier Evangelien deutlich.

Wahre Freude

16,22 *Doch ich werde euch wiedersehen.* Vgl. 20, 19 ff. (die Erscheinungen des Auferstandenen).
- *Und herzlich werdet ihr euch freuen.* Jes 66, 14: «Wenn ihr das seht, wird euer Herz sich freuen, / und ihr werdet aufblühen wie frisches Gras.»
- *Und diese Freude wird euch niemand nehmen.* Die Freude der Auferstehung ist unvergänglich. Die «Welt» in ihrer Vergänglichkeit kann ihr nichts anhaben.

16,23 *in meinem Namen* = in Übereinstimmung mit Christi Wesenheit.

16,24 χαρά – Freude: Vgl. 15,11. – 17,13.

Nicht mehr in Bildern

16,25 *Nicht mehr in Bildern.* Vgl. Num 12, 8 «Mit ihm rede ich von Mund zu Mund, / von Angesicht zu Angesicht, nicht in Rätseln.» (JB)
- *ganz offen* kann hier nur den Logos meinen insofern er eins ist mit der Tat: Tod und Auferstehung auf Golgatha, «an jenem Tag» (V. 26). Geredet hat der Christus immer «offen» das Wort des Vaters, wenn auch in Bildern, deren Schriftdeutung geübt sein will.

16,27 φιλεῖν = Lieben im Sinne von Freundschaft.

16,29 *nicht mehr nur in Bildern.* Inspiration setzt Verzicht voraus, hier: auf Christi Gegenwart im Physischen.

16,30 Vgl. 2, 25. – 6, 64.

16,32 *und mich lasst ihr allein.* Bei der Kreuzigung ist keiner der zwölf Apostel anwesend, nur Jünger aus dem Jerusalemer Kreis. Der Glaube der Zwölf hat Mangel an Kraft. Der johanneische Glaube setzt Erkenntnis voraus, die ihm die Kraft verleiht.

Die Synoptiker betonen die Einsamkeit Christi: im Garten Gethsemane und am Kreuz. Johannes übergeht die Einsamkeit in Gethsemane, und nur er berichtet vom geliebten Jünger unter dem Kreuz, der er selber ist.

16,33 *Frieden.* Vgl. 14,27 (Den Frieden meines Wesens nehmt). – Nikolaus von Kues, Pr. CLXVIII: «Der Ort der Wahrheit ist der Friede, der durch keine Verstandestätigkeit erreicht wird, sondern jenseits der Gegensätze als etwas gesehen wird, das allen Sinn und Verstand übersteigt.»

– *Ich habe diese Welt besiegt.* Die Welt (κόσμος), insofern sie vom Widersacher beherrscht wird.

17
Das Gebet des Lichtes und der Liebe

Das folgende Gebet, das man «hohepriesterlich» genannt hat, bezeichnet den Übergang von den Abschiedsreden zum Passionsweg. – Vgl. 11,41 («Vater, ich danke dir»). Der Ausdruck «hohepriesterlich» wurde von Dodd, Hoskyns u. a. als unzureichend zurückgewiesen. Bultmann, 1963, 373, hat es als «Gebet der Liebe» bezeichnet.

Zentrales Thema ist die Einheit von Vater und Sohn und die Einbeziehung der Menschen. Der Heilige Geist wird zwar nicht genannt; er ist aber in der Erkenntnisbewegung der Liebe anwesend. Christus ist das wahre Licht, das Licht, das zu Liebe wird.

J. Ratzinger: «Das ganze Kapitel 17 – das sogenannte ‹Hohepriesterliche Gebet› und vielleicht das Herzstück des Evangeliums überhaupt – kreist um den Gedanken ‹Jesus der Offenbarer des Gottesnamens› und stellt sich so als das neutestamentliche Gegenstück zur Dornbuscherzählung dar. Leitmotivartig kehrt in den Versen 6, 11, 12, 26 das Motiv des Gottesnamens wieder ... Christus erscheint gleichsam selbst als der brennende Dornbusch, von dem aus der Name Gottes an die Menschen ergeht.» (Einführung in das Christentum, 1990, S. 98 f.).

17,1 Vgl. 6,5 (Brotvermehrung) und 11,41 (Lazaruserweckung).

17,2 *Im Lichtglanz.* Man beachte in diesem Gebet die Häufigkeit der Wortgruppe um Doxa: verklären, verherrlichen, Herrlichkeit, Lichtglanz, Wesensoffenbarung. «Die Herrlichkeit Gottes können wir nach dem zugrunde liegenden hebräischen Wort als Glanz seiner Gottheit und Macht seines Wirkens bestimmen, wie sie sich in Schöpfung und Geschichte zeigt.» (R. Schnackenburg, 2001, 4, S. 175). Bultmann, 1963, S. 375, bezeichnet Δόξα als «das Wesen der himmlischen Welt».

17,3 Auch die Wortgruppe um Gnosis – Erkennen, ist in diesem Gebet hervorgehoben. Wer Christus als Wort Gottes – durch Einung – *erkennt,* dem wird mit der Erkenntnis *das Leben* zurückgegeben, das ihm beim Sündenfall entzogen wurde; denn Christus *ist* das Leben. Vgl. 3, 15 Aus Glauben wird Erkennen, und Erkenntnis wird zum wahren Glauben.

«Jesus ist der vollkommene Gnostiker.» (Bultmann, 1963, 371). Es ist aber zu beachten, dass der Evangelist das Substantiv «Gnosis» meidet. Vgl. die Briefe. Johannes ist Gnostiker, aber durch seine Lehre von der Fleischwerdung des Logos ein Gegner der «Gnosis». Vgl. Sap 15, 3: «Deine Stärke zu erkennen ist die Wurzel der Unsterblichkeit.»

17,6 λόγος – Wort.

17,8 ῥήματα = Gedanken tragende Worte.

17,9 Christus bittet für sie als individuelle Menschen.

17,10 In der Verklärung sind Licht und Liebe eins.

17,13 χαρά. Freude, hier in Vollendung von 15, 11 und 16, 20 – 24. Das Wort ist verwandt mit χάρις = Gnade. Freude ist in ihrem Wesen Gnade. Die Freude der Jünger wird vollendet durch die gnadenreiche Freude Christi, die in ihnen die Freude bewirkt.

17,14 Vgl. 7, 7. – 15, 18 (sie hat mich eher / als euch gehasst).

– *weil sie nicht von der Welt sind.* Die Jünger sind *in* der Welt, nicht *von* der Welt, weil Christus sie erwählt hat. Vgl. 15,19.

17,19 *Ich heilige mich selbst für sie.* Durch die Passion. Vgl. Hebr 13, 12 (Darum hat auch Jesus gelitten draußen vor dem Tor, damit er das Volk heilige durch sein eigen Blut).

Die dreimalige Nennung der Wahrheit – in Verbindung mit dem Verbum «heiligen» – bezieht sich auf die göttliche Trinität: 17 a Vater, 17 b Sohn, 19 hl. Geist.

17,20 Das Wort (Logos) der Verkündigung des christlichen Mysteriums. Christus ist die Wirkensmacht im Wort der Wahrheit, aus dem der wahre Glaube entsteht.

17,22 *damit sie einig seien.* Der Verstand trennt, der Glaube vereint. Aber das Ziel der Einheit ist zusammenzudenken mit dem Wort: «Im Hause meines Vaters sind viele Wohnungen.» (14, 2). Zu 22 – 24 vgl. R. Schnackenburg, 4, 173 – 183 (Die Einheit zwischen Vater und Sohn ist Grund und «Vorbild für die Einheit der Jünger»).

17,23 *in ihnen ich und du in mir*. Vgl. 1 Jo 1, 3f. 1 Jo 3, 2.

17,24 καταβολή – Niederwurf. Origenes interpretiert das Wort mit Bewegung «von oben nach unten» (De Princ. III, 5, 4). – Vul: ante constitutionem mundi. – Einheitsübers.: «vor der Erschaffung der Welt». – Luther, 1984: «ehe der Grund der Welt gelegt war.» – Schlatter, 1948: «vor der Aussaat von Menschheit». – Bock, 1980: «bevor die Welt war». – Vgl. Eph 1, 4: «Denn in ihm hat er uns erwählt vor dem Niederwurf der Welt.» Vgl. Apk 13, 8. – 17, 8.

17,25 πάτερ δίκαιε – Pater juste. Der Vatergott wird im Gebet dreifach verschieden angesprochen: viermal als Vater, einmal als heiliger Vater und abschließend als gerechter Vater.

17,26 *Verkündet hab ich deinen Namen*. Der Name ist Schlüssel zur Erkenntnis. Vgl. Krüger: «Der Güter Gefährlichstes», 2009.

– Die Liebe, die Vater und Sohn eint, ist von den Kirchenvätern als Heiliger Geist gedeutet worden (Vgl. Augustinus: De Trinitate). In diesem Sinne sagt auch Nikolaus von Kues (2007, S. 206): «Andere Geschenke, etwa Weisheit, Glauben, Hoffnung etc., können wir ohne den Heiligen Geist haben, nicht aber die Liebe.» (Predigt CLVIII). Und Meister Eckhart formuliert: «Es ist ein Ausblühen des Heiligen Geistes, darin die Seele Gott liebt.» (Predigt 11). – Vgl. Römer 5, 5.

– *und ich in ihnen bin*. Die Christgeburt in der Menschenseele ist Ziel des mystischen Weges, wie ihn beispielsweise Meister Eckhart gelehrt hat. «Gott und ich, wir sind eins.» (Predigt 7, ed. Quint, 1979).

18
Die Passion

Die Gefangennahme

18,1 Nach Markus und Matthäus heißt der Garten «Gethsemane – Ölkelter». Der Kidron ist ein «Winterbach», der nur zur Regenzeit Wasser führt. Die Synoptiker berichten an dieser Stelle von Christi Gebet und Einsamkeit. Dem entspricht bei Johannes das Gebet 12, 27 f.

18,3 *Soldaten.* Wörtlich: Kohorte. Die Verhaftung wurde jedoch von den Juden betrieben. – Eine Kohorte = 600 Mann. Darum kann es sich nicht handeln, auch nicht um ein Manipel (200 Mann). Der Ausdruck σπεῖρα steht hier wohl für eine Gruppe von Soldaten, die von den Römern an die jüdische Führung zur Unterstützung und Überwachung abgeordnet wurden.

18,4 *trat vor.* Bei Johannes ergreift Christus die Initiative.

18,6 *Ich bin.* Im Ich offenbart sich das Sein Gottes. Johannes bringt es hier dreifach zur Sprache. Wie kein anderer bringt Johannes die Ohnmacht der Welt gegenüber dem göttlichen «Ich bin» zum Ausdruck. Selbst Judas scheint zur Bezeichnung Christi nicht fähig zu sein. Wie paralysiert bleibt er bei den Soldaten stehen.

18,10 *kurzes Schwert.* Das Wort μάχαιρα bezeichnet ein großes Messer, Schlacht- oder Opfermesser, aber auch einen Dolch oder ein kurzes Schwert. – Nach Lk 22, 8 war Petrus einer der Jünger, die das Passahmal bereiten sollten. Dazu brauchte er ein langes Messer (Opfermesser), das er bei der Gefangennahme noch bei sich trug. Gegen Malchus gebrauchte er das Schlacht- oder Opfermesser als Schwert. Bei Lukas heilt Christus den Verwundeten.

- *Malchus.* Von den Evangelisten kennt nur Johannes den Namen des Kriegsknechtes.
18,11 τὸ ποτήριον – den Kelch. Vgl. Mt 26, 39. 42 (Gebet in Gethsemane); auch Mk 10, 38 f. bezieht sich das Bild des Kelches auf den Tod. Petrus, Wortführer der Zwölf, wird erneut im Nichtverstehen gezeigt, vgl. Mk 8 und Mt 16 (am Berg der Verklärung).

Jesus vor Hannas und Kaiphas. Petri Verleugnung

18,13 Die Szene bei Hannas erwähnen die Synoptiker nicht. Sie wird aber durch den «anderen Jünger» bezeugt. Hannas war durch den syrischen Stratthater Quirinius eingesetzt worden. Er war 6 – 15 n. Chr. der Hohepriester, «eine der markantesten Persönlichkeiten der damaligen Priesteraristokratie» (Blinzler, 1960, 87). Den Titel behielten die Hohenpriester nach dem Ausscheiden aus dem Amt. Sie gehörten auch weiterhin zum Hohen Rat. Die Bemerkung «Schwiegervater des Kaiphas» deutet auf gute Bekanntschaft des Evangelisten.
- *in diesem Jahr.* Die Hohepriesterwürde war käuflich geworden und wechselte zeitenweise jährlich.
18,14 Vgl. 11, 50 (nach der Erweckung des Lazarus).
18,15 Der «andere Jünger» ist der «Jünger, den der Herr liebte»: der Verfasser des Johannesevangeliums. Vgl. 20, 2 – 3. J. Ratzinger: Jesus, 2007, 264.
- Der «andere Jünger» war der Jünger, den der Herr liebte, aber gewiss nicht Johannes, der Sohn des Zebedäus; denn von letzterem heißt es in Acta, 4, 13: Der Hohepriester und andere Obere der Juden «wunderten sich; denn sie merkten, das sie (Petrus und Johannes) ungelehrte und einfache Leute waren.» Danach war

Johannes Zebedaei mit dem Hohenpriester nicht bekannt. Der «andere Jünger» ging aber zumindest bei Hannas ein und aus. Vgl. auch M. Hengel, 1993, 322.

18,17 *Ich nicht*. Wörtlich: «οὐκ εἰμί – Ich bin nicht.» Petri Verleugnung des Herrn wird von allen vier Evangelisten berichtet.

18,20 Die Lehre Jesu ist keine Geheimlehre für Auserwählte. Ob in Bildern oder Zeichen: Sie ist für alle Menschen zugänglich.

18,22 Von Gefangenen erwartete man Unterwürfigkeit. Die selbstbewusste Haltung Christi musste als unerhörte Herausforderung verstanden werden.

18,24 Joseph Kaiphas, Schwiegersohn des Hannas und seit dem Jahre 18 Vorsitzender des Hohen Rates, wurde erst im Jahre 36/37 durch den syrischen Legaten Vitellius abgesetzt, was auf großen Reichtum und gute diplomatische Fähigkeiten schließen lässt.

Johannes der Evangelist berichtet Einzelheiten vom Verhör durch Hannas und gar nichts von der offiziellen Gerichtsverhandlung unter dem Vorsitz von Kaiphas. Das deutet darauf hin, dass er bei Hannas anwesend war, bei Kaiphas aber nicht (vgl. 19, 35). Die offizielle Verhandlung erfolgte noch zur Nachtzeit, das Todesurteil bei Sonnenaufgang. Wegen des bevorstehen großen Festes war Eile geboten. Anderseits war Vollzähligkeit zu dieser Stunde nicht zu erwarten.– Wenn Johannes die jüdische Gerichtsverhandlung mit Schweigen übergeht, kommt darin auch zum Ausdruck, dass er sie für unwesentlich hielt. Die Entscheidung lag bei Pilatus. Außerdem hielt er vermutlich den Beschluss des Synedriums wegen zahlreicher Verstöße gegen das Gesetz für ungültig.– Allgemein zum Prozess Jesu vgl. J. Blinzler, 1960 und R. Pesch 2001 (1977).

Kommentar

Vor Pilatus

18,28 Praetorium: Regierungsgebäude des Provinzgouverneurs.
– *Morgenfrühe.* Am Freitag, 14. Nisan (März/April), dem «Rüsttag» des Festes.
– *um nicht unrein zu werden.* Die Beachtung der Reinheitsvorschrift wird vom Autor hervorgehoben wegen des Kontrastes zur beabsichtigten Kreuzigung Christi – ein Beispiel für johanneische Ironie. Nach jüdischem Recht hätte eine Gerichtsverhandlung wegen eines todeswürdigen Vergehens an einem «Rüsttag» gar nicht stattfinden dürfen und erst recht nicht bei Nacht.
18,29 Pontius Pilatus wurde 26 n. Chr. Procurator von Judäa und hatte während seiner Amtszeit zahlreiche Auseinandersetzungen mit den Juden. Er soll nach seiner Absetzung (36/37) in Rom, im Jahre 39, Selbstmord begangen haben.
18,31 *Es ist uns nicht erlaubt zu töten.* Das jus gladii hatte der römische Statthalter inne.
18,36 Vgl. 8, 23. – G. Kienle, 1983, 63: «Die Welt hat für Jesus dasselbe Gesicht wie für Platon: die Zwei. Zum ersten ist Welt für Jesus das gottgewollte Abbild des Himmels und kann so auch in der vollen Sinnlichkeit als Gleichnis verwendet werden – da dient die Zwei dem Vater als der Eins. Zum zweiten erscheint in ihr ein dem Vater oder der Eins widerstrebendes Prinzip; da birgt sie Vergänglichkeit und moralische Verirrung.»
18,37 σὺ λέγεις – Du sagst es – mit dem Unterton: Du solltest es wissen, oder: : Erkenne meine Königsherrschaft! Vgl. V. 34.
Βασιλεύς εἰμι – hier ohne das erhebende ἐγώ der Ich-bin-Worte. Aus dem Zusammenhang wird deutlich:

Zu Kapitel 18 und 19

Jesus von Nazareth war in der Sicht des Johannes in Wahrheit König der Juden. E. Haenchen, 1967, S. 71, kommentiert: «Mit dem messianischen König verlieren sie (die Juden) auch ihren Charakter als das auserwählte Volk.» Vgl. 19, 22.
- *geboren und zur Welt gekommen.* Die Geburt als Eintritt in die Welt erfolgte im Sinne des Johannes mit der Jordantaufe.
- *zeugen für die Wahrheit.* Barrett, 1990: «Es ist keine intellektuelle, sondern «eine wirkende Wahrheit: sie konstituiert das Evangelium».
- *Wer aus der Wahrheit ist* = Wer aus Gott ist.

18,38 ἀλήθεια – Wahrheit, wörtlich: Unvergessenheit (Aufhebung der Lethe). Vgl. Heidegger: «Unverborgenheit». Die vielzitierte Frage des Pilatus nach der Wahrheit ist letztlich eine Frage nach Gott, die Jesus schon beantwortet hat; Pilatus hat nicht verstanden.

18,40 Barrabas. Dieser «Räuber» und wohl auch Mörder ist möglicherweise ein «Widerstandskämpfer» gewesen. J. Ratzinger (Benedikt XVI.) sieht in ihm sogar eine «messianische Figur», «eine Art Doppelgänger zu Jesus» (Jesus, 2007, 69). Demgegenüber will Johannes zeigen: Sogar einen Räuber haben sie dem Herrn vorgezogen.

19

Geißelung und Dornenkrönung

19,1 *Pilatus nahm nun Jesus.* Das «Nehmen» ist ein Übernehmen der Verantwortung.
- *und ließ ihn geißeln.* Die Geißelung wird erwähnt, aber nicht geschildert.

19,2 *Soldaten flochten eine Dornenkrone.* Zur Demütigung durch die Geißelung kommt die Verhöhnung durch die Dornenkrönung. Mt 27, 29 ergänzt: «und gaben ihm ein Rohr in seine rechte Hand» als Zeichen für den Herrscherstab.

– *Purpurmantel.* Krone und Purpurmantel sind Zeichen der Königswürde. Nach Lk 23, 7 sandte Pilatus den Angeklagten erst noch zu Herodes, «der in diesen Tagen auch in Jerusalem war». Herodes ließ ihn in einem weißen Gewand verspotten (Lk 23, 11) und sandte ihn umgehend zurück. Diese Episode (R. Pesch: «historisch wertlose Legende») übergeht Johannes. Erschütternd dargestellt wurde sie von Fra Angelico.

Ecce Homo

19,4 *Ich führe ihn heraus zu euch.* Die Zurschaustellung Jesu berichtet nur Johannes.
19,5 ἰδοὺ ὁ ἄνθρωπος – Ecce homo – Siehe, der Mensch. Jesus wird dem Volk mit Dornenkrone und Purpurmantel gezeigt. Damit sagt Pilatus die Wahrheit: Christus ist der Juden König; aber sein Reich ist nicht von dieser Welt. Verstanden hat er diese Geste nicht – ebenso wenig wie die Juden.

Das Urteil

19,6 Dreimal – wie bei Lukas – sagt Pilatus zu den Juden: «Ich finde keine Schuld an ihm.»
19,8 Die wachsende Furcht des Pilatus bezieht sich hier nicht auf die Juden, sondern auf Gott.
19,9 *Woher stammst du?* Pilatus fragt nach dem wahren

Ursprung, der ihm – wie den Juden – verborgen bleibt. Darum gibt Jesus keine Antwort: Pilatus könnte sie nicht verstehen.

19,12 Tiberius herrschte 14–37. Pilatus war ein Günstling des Sejanus, der am 18. 10. 31 gestürzt worden war. Eine Anzeige der Juden hätte wohl seine sofortige Absetzung bewirkt. Das erklärt die Furcht (nun vor dem Kaiser) – und sein plötzliches Nachgeben – wider seine Überzeugung von der Unschuld Christi. Seine V. 10 behauptete Macht erweist sich als hinfällig.

19,13 *Lithóstrotos* – Steinpflaster, aramäisch: Gabbata – Hügel (?). Platz vor dem Praetorium. Ort und Zeit werden von Johannes genau bezeichnet. Das bezeugt eigenes Miterleben.

19,14 Am «Rüsttag», von Mittag (6. Stunde) bis 3 Uhr nachmittags (9. Stunde) wurden im Vorhof des Tempels die Passahlämmer geschlachtet. – Mk 15, 25 (Es war die dritte Stunde, da sie ihn kreuzigten = 9 Uhr vormittags) ist mit der Chronologie des Johannes nicht vereinbar.

19,15 Blinzler, 1960, 264: «Das jüdische Strafrecht kannte die Kreuzigung nicht.» Nach Deut 21, 23 galt ein Gekreuzigter als ein von Gott Verfluchter. Darum forderten die Juden von Pilatus die Kreuzigung.

– *Den Kaiser*. Die Oberpriester sehen ihren wahren König im Zerrbild, dornengekrönt und blutig geschlagen – und nennen den römischen Kaiser ihren König: aus Furcht, ihre Macht einzubüßen. Die Messianität Jesu war ihnen ja nicht verborgen geblieben. Unverständlich blieb ihnen sein Verzicht auf Macht.

KOMMENTAR

Die Kreuzigung

19,17 Nach der synoptischen Überlieferung wurde Simon von Kyrene gezwungen, das Kreuz zu tragen. In der Kunstgeschichte wurde dementsprechend vielfach der zusammenbrechende Christus dargestellt.
- *Golgatha.* Über der Schädelstätte erhebt sich die heutige Grabeskirche.
- *Da kreuzigten sie ihn.* Im Sinne des Johannes ist die Kreuzigung die «erbärmlichste aller Todesarten» (Josephus), die Erhöhung Christi. – Nach synoptischer Überlieferung verfinsterte sich die Sonne, im Tempel zerriss der Vorhang und die Erde bebte (Mt 27,45–52). Auf der materiellen Ebene war die Verfinsterung vom Wetter bedingt – also keine Sonnenfinsternis. Es war um die Mittagszeit, 12 Uhr, 6. Stunde, am «Rüsttag» zum großen Passahfest des Jahres 33. – Das Leiden am Kreuz dauerte etwa drei Stunden. Es war die Zeit, in der auf dem Tempelvorplatz die Lämmer (einjährige Schaf- oder Ziegenböcke) geschlachtet wurden. P. Stuhlmacher, 2010, 90: «Nach urchristlicher Überzeugung hat Gott seinen Christus auf Golgatha in aller Öffentlichkeit als das neue ἱλαστήριον eingesetzt.» – Die zwölf Jünger waren alle geflohen – nach Christi Vorhersage in Jo 16,32, vgl. auch Mk 14,50 (Und sie haben ihn verlassen und flohen alle).

In Klopstocks Messias, 12, hat der Lieblingsjünger einen Wahrtraum: «Und der Jünger / Sahe, da hauten Männer mit glühender Wut in dem Blicke / Eine der Zedern um, dass dumpf von ihrem Umsturz / Libanon scholl! Sie hauten die Zeder zum Kreuze. Das hub sich / Schattete furchtbar! Allein auf einmal entsprossten

dem Kreuze / Palmen!» – Goethe sah das Kreuz von Rosen umgeben (Die Geheimnisse). –
Das Kreuz stand nach der Legende über dem Grab Adams. Paulus nennt Christus den neuen Adam. Dazu schrieb John Donne: «We think that Paradise and Calvary, / Christ's Cross, and Adam's tree, stood in one place; / Look Lord, and find both Adams met in me; / As the first Adam's sweat surrounds my face, / May the last Adam's blood my soul embrace.» (Hymn to God my God, in my sickness).

19,19 *König der Juden.* Nach römischem Recht musste der Grund der Verurteilung auf einem «titulus» am Kreuz angegeben werden. Vgl. O. Cullmann: Die Bedeutung der Zelotenbewegung für das NT (1962). In: O. Cullmann, 1966, S. 292 ff.

19,20 Palästina war dreisprachig: Hebräisch oder Aramäisch war die Sprache der Bevölkerung, Lateinisch die Sprache der römischen Besatzer, Griechisch die Sprache der Gebildeten im ganzen Mittelmeerraum.

19,22 *Das habe ich geschrieben.* Durch Pilatus wird noch einmal betont, dass Jesus wirklich König der Juden war. Vgl. 18,37 und Anm.

19,25 Drei Marien stehen unter dem Kreuz. Zwei Schwestern tragen den gleichen Namen: Das deutet auf Familienzusammenführung. Die Mutter und die Frau des Klopas waren also nicht Schwestern im engeren Sinn, wie ja auch die Brüder und Schwestern Christi nicht als leibliche Geschwister aufgefasst werden sollten. Grammatikalisch könnte es sich auch um vier Frauen handeln. – Den drei Frauen entsprechen die drei Jünger aus dem Jerusalemer Kreis: Der Lieblingsjünger (19,35), Joseph von Arimathia und Nikodemus (19,38 ff.)

19,26 Im Kontrast zur Innigkeit der Szene betont die Anrede

«Frau» eine äußere Distanz – wie bei der Hochzeit zu Kana. Die Synoptiker sprechen nicht von der Mutter Jesu, sondern von der Mutter des Jakobus, des «Herrenbruders». Mt 27,56: Unter den Frauen waren «Maria von Magdala und Maria die Mutter des Jakobus und Josef, und die Mutter der Söhne des Zebedäus». Mk 15,40: Unter den Frauen waren «Maria von Magdala und Maria, die Mutter Jakobus' des Kleinen und des Joses, und Salome». Lk 24,10: «Es waren aber Maria von Magdala, und Johanna und Maria, des Jakobus Mutter, und die andern mit ihnen». – Siehe D. Lauenstein, 1971. – Vgl. 2,4.

19,27 Maria wird zur Mutter des Lieblingsjüngers in dem Maße als dieser von Christus durchdrungen ist – wie später Paulus. – Christus stiftet vom Kreuz herab Geistgemeinschaft an Stelle von Blutsverbundenheit. – Eine symbolische Deutung von Maria auf die Kirche verfehlt die Intention des Evangelisten (so auch Schnackenburg).

19,29 Mit Wasser verdünnter Weinessig war das übliche Getränk der Soldaten und Feldarbeiter.

19,30 Rittelmeyer (1938, 216) sieht in den drei letzten Worten das Walten der Trinität: Mit dem heiligen Geist stiftet Christus Geistgemeinschaft. Der Sohn als Mensch sagt: «Mich dürstet.» Das letzte Wort ist Hingabe an den Vater: *Es ist vollbracht.* – Klopstock: Der Messias, 1,7: «er tats, und vollbrachte die große Versöhnung.»

– *und übergab den Geist.* παρέδωκεν τὸ πνεῦμα. Mit dem Tod Christi am Freitag, 3. April (14. Nisan) des Jahres 33, um 15 Uhr (9. Stunde) endet die «alte Welt». – Das vom vierten Evangelisten beschriebene Christusleben beginnt mit der Jordantaufe durch Johannes und endet am Karfreitag des Jahres 33 nach Jesu Geburt in Bethlehem. Durch den Tod auf Golgatha wurde der Logos, der vom Himmel herabgestiegene Sohngott, zum Geist der Erde («Ich bleibe bei euch alle Tage bis ans Ende der Welt.» Mt 28, 20) und die Erde zum «Leib» Christi. Damit ist sie in die Auferstehung einbezogen. – Noch am Kreuz erfolgte die «Höllenfahrt», die jedoch im Evangelium nicht ausdrücklich erwähnt wird. – Vgl. Dürers Große Passion. – Mit der Anástasis beginnt die «neue Zeit».

Nikolaus von Kues nennt das Leiden Christi einen Übergang: «Denn Christi Leiden ist ein Übergang von dieser Welt zum Vater (Joh 13,1), vom Vergänglichen zum Unvergänglichen, vom Sterblichen zum Unsterblichen, damit das Sterbliche sich mit Unsterblichkeit bekleide (1 Kor 15,53), vom Sinnlichen zum Geistigen durch den Sieg über das Sinnliche dieser Welt und durch den Übergang zur beständigen Wahrheit der geistigen Welt ... – Über die Bitterkeit des Leidens Christi möge der meditative Betrachter hieraus sein Fundament empfangen. Denn die tugend- und lohnreiche Bitterkeit der Passion faltet alle Bitterkeiten allen Leidens in sich ein.» (Predigt CXXII).

19,34 Nach der Überlieferung hieß der Soldat Longinus. Er stach in die rechte Seite Christi. – Vgl. Apk 1,7. – J. Ratzinger kommentiert den Lanzenstich: «nun ist er gänzlich ‹Für›, nun ist er wahrhaft nicht mehr ein einzelner, sondern ‹Adam›, aus dessen Seite Eva, eine neue Menschheit, gebildet wird.» (Einführung in das Christentum, 1990, S. 195).

– *Sogleich floss Blut und Wasser.* R. Steiner hat darauf hingewiesen, dass sich mit dem in die Erde fließenden Blut Christi die Erdenaura verändert hat: Seitdem strömt von ihr Licht aus («Ich bin das Licht»); Morgenstern, 1914: «damit auch sie einst Sonne werde» (Wir fanden einen Pfad); Steiner: «der wichtigste Augenblick der ganzen Erdenentwicklung» (Nürnberg, 23. 6. 1908). – Blut ist Träger des Ich, Wasser ist Träger des Lebens und durch Christus Träger des höheren Ich im «Lebensgeist». Die Grallegenden haben hier ihren Ursprung. Vgl. auch den großen Brief des Johannes.

19,35 *Der es gesehen hat, bezeugt es.* Der Evangelist, der Jünger, den der Herr liebte.

19,36 Ps 34,21: «Er behütet all seine Glieder, nicht eines von ihnen wird zerbrochen.» – Ex 12,46: «Ihr sollt keine Knochen des Passahlammes zerbrechen.»

19,37 Sach 12,10. «Sie werden schauen auf *mich,* den sie durchbohrt haben.» (Schnackenburg, 2001, IV, 4, S. 165). – Schauen werden sie den geistigen Auferstehungsleib. Vgl. Apk 1,7. – R. Steiner, 14. 10. 1911: «Ja, wahrhaftig, es ist möglich, zu der Imagination von dem Berge zu gelangen, auf dem das Kreuz erhöht war, jenes Kreuz, an dem ein Gott im Menschenleibe hing, ein Gott, der die Tat aus freiem Willen – das heißt aus Liebe – vollbracht hat, damit die Erde und die Menschheit an ihr Ziel kommen können.»

Die Grablegung

19,38 Joseph von Arimathia, ein reicher Kaufmann, war ebenso wie Nikodemus Mitglied des Hohen Rates und bekannt mit Pilatus. Der große Hohe Rat (Synedrium) umfasste 70 Mitglieder und bildete das oberste jüdische Gerichtsorgan.

19,39 Nikodemus, der bei den Synoptikern nicht erwähnt

wird, tritt hier zum dritten Mal auf. Das erste Mal wurde er «bei Nacht» von Christus belehrt (c. 3). 7, 50 ff. ermahnt er seine Kollegen im Hohen Rat, das Recht auch gegenüber Jesus zu wahren.

– 100 römische Pfund = 65, 45 Pfund. Die Angabe deutet auf ein königliches Begräbnis.

19,40 Um eine Einbalsamierung handelt es sich nicht. Die Salben (oder Pulver) kamen zwischen die Tücher. Es waren mehrere Tücher, in die der Leichnam fest eingewickelt wurde: ἔδησαν αὐτὸ – sie banden ihn. Das Antlitz wurde mit einem Sudarium verhüllt. – Mk 14,52 weiß nur von einem Tuch (σινδόν), doch ist Johannes wegen der Genauigkeit seines Berichtes der Vorzug zu geben.

19,41 Die Grablegung erfolgte vor 18 Uhr, da um 18 Uhr der Sabbat begann. – Nach Mt 27, 60 hatte Joseph von Arimathia das Grab für sich selbst in einen Felsen hauen lassen. Der Garten befand sich unmittelbar vor der Stadt nahe der Kreuzigungsstätte. Später wurde darüber die Grabeskirche mit dem Heiligen Grab errichtet.

– *Noch nie ward jemand dort hineingelegt.* So auch Lk 23, 53.

20

Ostern: Die Auferstehung

Ostermorgen: Das leere Grab

20,1 *Am ersten Tag der Woche*: Sonntag. – Der Samstag (Sabbat, 15. Nisan) ist in Schweigen gehüllt; Christus weilt im Totenreich.

- Tatsächlich kam Maria in der Morgendämmerung zum Grab. «Im Dunkel» weist auf ihren seelischen Zustand.
20,5 *und sah die Tücher liegen.* Es waren mehrere Tücher, vgl. 19, 40; 20, 7.
20,8 Auf der Sinnesebene sah Johannes, der «andere Jünger», nichts anderes als Petrus, der noch nicht an die Auferstehung glaubt. Johannes sieht nicht und glaubt doch (20, 29), weil er in der höheren Bedeutung *sieht*. – Vgl. 6, 36.
20,9 «Die Auferstehung Christi ist der entscheidende Beweis der Unwiderruflichkeit seiner Menschwerdung.» (Schelling: Philosophie der Offenbarung, 1959, II, 217). – Nur als Mensch konnte Christus sterben; nur als Gott konnte er auferstehen. – F. Mussner, 1969, 134: «Gerade das leere Grab Jesu schließt die *Leib* – Identität beim Gekreuzigten und Auferstandenen in sich, wenn man sich nur der qualitativen Andersheit des verklärten Leibes Jesu bewusst bleibt.» – J. Ratzinger, Einführung, 1990, S. 298: «Sowohl Johannes (6, 63) wie Paulus (1 Kor 15, 50) machen mit allem Nachdruck deutlich, dass die ‹Auferstehung des Fleisches›, die ‹Auferstehung der *Leiber*› nicht eine ‹Auferstehung der *Körper*› ist.»
20,10 Nach Barrett kann πρὸς αὐτοὺς nicht mit «nach Hause» übersetzt werden.

Maria Magdalena schaut den Auferstandenen

20,16 Maria Magdalena schaute ins Grab. Dann wandte sie sich um und erblickte außerhalb des Grabes den Auferstandenen als Gärtner. Wenn sie sich jetzt ein zweites Mal «umwendet», schaut sie nicht wieder ins Grab,

sondern nach innen, in die eigene Seele, wo sie den Herrn erkennt.
- *Rabbuni*. Feierliche Anrede.
20,17 μή μου ἅπτου. Einheitsübersetzung: «Halte mich nicht fest.» Vulgata: Noli me tangere. – Vgl. 20, 27 (Thomas).
- *zum Vater*. Vgl. Apg 1, 9 – Himmelfahrt.
- *zu meinen Brüdern*. Die Jünger Christi wurden erst zu Freunden; jetzt, in der Auferstehung, werden sie zu Brüdern. Die «Brüder» aus der Familie in Nazareth (c. 7) sind hier nicht gemeint.
- *ich fahre auf*. Christus ist noch nicht aufgefahren, aber die Auffahrt geschieht bereits. Auferstehung und Himmelfahrt werden von Johannes zusammengeschaut. Vgl. die Reidersche Tafel im Bayerischen Nationalmuseum München. – Novalis, Geistliche Lieder, VIII: «Der dunkle Weg, den er betrat, / geht in den Himmel aus.»

Der Auferstandene erscheint den Jüngern

20,19 *Sie fürchteten die Juden*. Vgl. 7, 13 und Anm.
- *Friede euch* . Vgl. 20, 21. 26. – 16, 33. Der Friede ist eine Wesensäußerung Christi. Wer Christus liebt, liebt den Frieden.
20,22 *Empfangt heiligen Geist*. Der Paraklet, Gott, in der dritten Person. Der Auferstandene macht seine Jünger zu Teilhabern am Geist Gottes. Damit wird hier Pfingsten vorweggenommen. Über die Trinität vgl. Origenes: De Principiis, Augustinus: De Trinitate, Anselm von Canterbury: Monologion.

KOMMENTAR

Thomas – Der wahre Glaube

20,25 Der Zweifel des Thomas sollte zusammen gesehen werden mit seiner bedingungslosen Einsatzbereitschaft für den Herrn, vgl. 11, 16. – «Thomas, ein feuriger Jüngling / Stets entwickelt sein Geist aus Gedanken Gedanken!» (Klopstock: Der Messias, 3. Gesang). – Solowjew, 1897, spricht vom «rechtschaffenen Unglauben».

20,26 Nach 1 Kor 15, 5 ist der Auferstandene «den Zwölfen» erschienen. Demnach war auch der geliebte Jünger anwesend – an Stelle von Judas.

– *Er trat in ihre Mitte.* Wiederholung von V. 19. Vgl. 8, 9 und Anm. (Betonung der Mitte). – Die wiederholte Hervorhebung der verschlossenen Türen deutet auf die Andersartigkeit des Auferstehungsleibes: Es ist derselbe Leib, der am Kreuz hing, aber nun auf ätherischer Seinsebene – bestätigt durch die Wundmale und die Berührung durch Thomas.

– *Friede euch.* Vgl. 14, 27. – 16, 33. – 20, 19. 21.

20,27 *glaube!* Wörtlich: Sei gläubig. Der hier gemeinte Glaube ist eine innere Kraft: die Kraft zur Entfaltung mystischer Einsicht, die über die Schau hinausgeht – hin zur Einung. Darum heißt es im Folgenden, dass die Glaubenden im Glauben das Leben haben. Die Kraft des Glaubens – im Sinne des Johannes – führt zur Geisterkenntnis. Der Glaube gehört für Johannes – wie für Paulus – zu den christlich-theologischen Leitbegriffen. Er spricht in seinem Evangelium 98 mal vom Glauben, gegenüber Mt 11, Mk 14 und Lk 9 mal (nach Schnackenburg, 2001, 1, 508).

20,28 Kyrios – Herr. Thomas erkennt in Christus Gott. Vgl. 1,1 und 1,18. Cullmann, 1958, 316: «das letzte und höchste Bekenntnis des Evangeliums».

20,29 Beati, qui non viderunt, et crediderunt. Dodd, 1963, S. 443: «This is the true climax of the gospel.» Johannes selbst hat auf Patmos die Apokalypse *geschaut*. Vgl. auch 20, 8 und Anm. – 1, 50. – 6, 36. – J. Ratzinger, Einführung, 1990: «Christlich glauben bedeutet unsere Existenz als Antwort verstehen auf das Wort, den Logos, der alle Dinge trägt und hält.» (S. 47). «Das im Glauben eröffnete Mit-Christus-Sein ist begonnenes Auferstehungsleben und daher den Tod überdauernd (Phil 1, 23; Kor 5, 8; 1 Thess 5 10).» (S. 294).

20,31 «Der Christus» wird hier von Schnackenburg mit «der Messias» übersetzt. Diese Einengung auf Judenchristen entspricht nicht der Intention des Johannes, der in seinen Schriften gerade die menschheitliche Dimension der Erlösungstat Christi immer wieder hervorhebt, auch an dieser Stelle.

– *das Leben:* gr. ohne Artikel (damit ihr glaubend Leben habt).

21

Epilog

Das 21. Kapitel ist ein Epilog und wird zumeist als Zusatz von einem nahestehenden Schüler des Evangelisten angesehen. Der Inhalt kann aber nur von Johannes selbst stammen. Hoskyns, ed. Davey, 561: «ch. XXI is not the work of a later editor ... The narrative is Johannine in structure, in phraseology, and, most important of all, in the subtle references to passages in the main body of the gospel ...». Martin Hengel, 1993, 269: «Das Evangelium wurde nach seinem Tode fertiggestellt und an die anderen Gemeinden verschickt, möglicherweise zusammen mit den Briefen.»

Kommentar

Am See von Tiberias

21,2 Die Siebenzahl der Jünger setzt Augustinus in Beziehung zum Ende der Welt: «Die gesamte Zeit nämlich verläuft in sieben Tagen.»

21,4 Der Auferstandene wird auch von Maria Magdalena zuerst nicht erkannt. Es handelt sich um Geisterkenntnis.

21,7 *und sprang ins Wasser.* G. Klockenbring (1995, S. 29) hat die Szene als Aufwacherlebnis gedeutet: «Man hat dann den Eindruck, als würde man von seiner äußeren Hülle wie eingesogen – man kehrt in seinen Körper zurück. In diesem Sinne legt Petrus sein Gewand an und gelangt ans Ufer.»

21,8 Eine Elle entspricht 50 Zentimeter.

Das Morgenmahl

21,11 *einhundertdreiundfünfzig.* Die 1 repräsentiert die göttliche Einheit, 5 ist der Erdenmensch im Pentagramm, 3 deutet auf die göttliche Dreieinheit. Die Quersumme 9 symbolisiert die 9 Engelchöre und die entsprechenden Stufen zu Gott. Schon Augustinus stellte fest: 153 ist die Summe aller Zahlen von 1 – 17. Mit 17 Fischen als Grundlinie bilden die 153 ein gleichseitiges Dreieck als Ausdruck der Trinität, die das All durchwaltet. Die Zahl 17 kann auch gelesen werden als 10 + 7. 10 ist die Zahl des Menschen, 7 ist die Zahl der Entwicklung: Der Mensch entwickelt sich zur zehnten Hierarchie. Augustinus zählte mit Origenes: 3 x 50 (= 7 x 7 + 1) und 3 als Zahl der göttlichen Trinität. Die 10 bezieht er auf das Gesetz, die 7 auf den heiligen Geist, nach Js 11, 2 f: Geist der Weisheit und der Erkenntnis, Geist

des Rates und der Stärke, Geist der Wissenschaft und der Frömmigkeit, Geist der Ehrfurcht vor Gott.
- *Das Netz riss nicht.* Dieser Fischzug ist zu unterscheiden von jenem, den Lukas im fünften Kapitel erwähnt. Dort reißt das Netz. Vgl. R. Frieling, III, 1982, S. 158 ff.
21,12 *Morgenmahl.* Beim Abendmahl erfolgt der Erdenabschied. Beim Morgenmahl wird die Geistverbundenheit im künftigen Wirken offenbar.
- Das dreimalige «‹ο κύριός ›εστιν – es ist der Herr» hat auch die Bedeutung «Der Herr *ist.*» (Frieling, III, 1982, S. 164).
21,13 Das Abendmahl wurde von den Jüngern zubereitet, das Morgenmahl von Christus: Der reiche Fischfang bleibt unberührt. Christus ist selbst das Brot und der Fisch. Vgl. c. 6, Speisung der 5000.
21,14 «Die Wahrheit der Auferstehung Christi ist eine ganzheitliche, volle Wahrheit – nicht nur eine Wahrheit des Glaubens, sondern auch eine Wahrheit der Vernunft.» (Solowjew: «Christ ist erstanden», 13. April 1897. Ed. L. Müller 1991, S. 200).

Petrus und der Jünger, den Jesus liebte

21,17 Die spirituelle Dramatik dieser Szene kann in der deutschen Sprache nicht wiedergegeben werden. Der Christus fragt Petrus – mit Bezug auf die dreimalige Verleugnung – zweimal nach Agape, der höheren, geistigen Liebe, und Petrus antwortet zweimal mit Philia, der freundschaftlichen Liebe. Beim dritten Mal spricht dann auch Christus von Philia, und Petrus antwortet entsprechend. – Mit Agape wird die Beziehung des Christus zum Lieblingsjünger charakterisiert (vgl. 11,5; – 13,23). – Das dreimalige «Liebst du mich?» steht auch in Beziehung zum dreimaligen: Christus liebte Lazarus (zweimal freundschaftlich, c. 11).

21,21 *Was ist mit diesem, Herr?* Die Frage ist aus der Distanz entstanden. Der geliebte Jünger und Verfasser des Evangeliums gehört nicht zum Kreis der Zwölf. Darum wird zu Pfingsten Matthias gewählt.

21,22 *bis ich komme.* Hinweis auf die Parusie. Vgl. Apk 1,7 «Siehe er kommt mit den Wolken.» Apk 22,7 «Siehe, ich komme bald.» – Dem Täufer entsprechend ist Johannes der «Apostel der Zukunft, der auf die Zukunft deutende». (Schelling: Philosophie der Offenbarung, 1959, II, 303). – Apk 1,9 («in Erwartung Jesu Wiederkunft»).

21,23 Diese Korrektur des Verfassers des 21. Kapitels kann als Hinweis darauf verstanden werden, dass Johannes der Evangelist wohl kurz zuvor gestorben ist. Vgl. O. Cullmann, 1975, 75 und R. Bultmann, 1963, 543.

Literaturverzeichnis

Vulgata. Frankfurt am Main 1826.
Novum Testamentum Graece et Latine, ed. Nestle-Aland, 22. Aufl., Stuttgart 1969.
Das Neue Testament, Interlinearübersetzung von Ernst Dietzfelbinger. 5. korr. Aufl., Stuttgart 1994.
Die gantze Heilige Schrifft, übers. v. Martin Luther, 1545 (1544). Neu hrsg. v. Hans Volz, 1972.
Das Neue Testament nach der Übersetzung Martin Luthers. Revidierter Text, Stuttgart 1984.
Neue Jerusalemer Bibel, mit Einheitsübersetzung. 11. Aufl., Freiburg i. Br. 2000.
Bauer-Aland. Walter Bauer: *Griechisch-deutsches Wörterbuch zu den Schriften des Neuen Testaments*, ed. K. u. B. Aland. 6. neu bearbeitete Aufl., Berlin 1988.

Anselm von Canterbury: Monologion (um 1075). In: R. Allers, *Anselm von Canterbury. Leben, Lehre, Werke*. Wien 1936.
Apokryphen, siehe: Schneemelcher.
Die apokryphen Schriften zum Neuen Testament, übersetzt und erläutert von Wilhelm Michaelis. Bremen, 3. Aufl., Bremen 1956.
Apokryphen zum Alten und Neuen Testament, hrsg. v. Alfred Schindler. 4. Aufl., Zürich 1990.
Aristoteles: *Über die Seele*, ed. W. Theiler. Darmstadt 1986.
Aurelius Augustinus: *Vorträge über das Johannesevangelium*, 3 Bände, übers. v. Thomas Specht. BKV, Kempten und München 1913–1914.

Aurelius Augustinus: *De Trinitate*. Deutsch von M. Schmaus. BKV 1935.

Charles Kingsley Barrett: *Das Evangelium nach Johannes*. Göttingen 1990 (London 1978).

Walter Bauer: *Das Johannesevangelium*. 2., verb. Aufl., Tübingen 1925.

Karl Baus: *Von der Urgemeinde zur frühkirchlichen Großkirche* (= Handbuch der Kirchengeschichte, Band 1). Freiburg i. Br. 1985 (1962).

Paul Beauchamp: La cosmologie religieuse de Philon et la lecture de l'exode par le livre de la sagesse: Le thème de la manne. In: *Philon d'Alexandrie*, 1967, 207–219.

Hermann Beckh: *Der kosmische Rhythmus, das Sternengeheimnis und Erdengeheimnis im Johannesevangelium*. Basel 1930.

Paul Billerbeck: *Kommentar zum Neuen Testament aus Talmud und Midrasch*, 4 Bände. München 1922–1928.

Ernst Bindel: *Die geistigen Grundlagen der Zahlen*. Stuttgart, 3. Aufl. 1977 (1958).

Wolfgang J. Bittner: *Jesu Zeichen im Johannesevangelium*. Tübingen 1987.

Josef Blinzler: *Der Prozess Jesu*. 3., erw. Aufl., Regensburg 1960.

Emil Bock: *Das Evangelium*. Betrachtungen und Übersetzungen. Betrachtungen, Band 1 und 2. Stuttgart o. J. (ca. 1948).

Emil Bock: *Die drei Jahre*. Stuttgart 1948.

Emil Bock: *Das Neue Testament*, Übers. v. E. Bock. Stuttgart 1980.

M.-E. Boismard: Problèmes de critique textuelle concernant le quatrième Évangile. In: *Revue biblique*, 60, 1953, 347–371.

Peder Borgen: *Bread from Heaven*. Leiden 1965.

Peder Borgen: *Early Christianity and Hellenistic Judaism*. Edinburgh 1996.

Günter Bornkamm: Die eucharistische Rede im Johannesevangelium, in: *ZNW*, 47, 1956, 161–169.

Wilhelm Bousset: *Hauptprobleme der Gnosis*. Göttingen 1907.

Wilhelm Bousset: *Kyrios Christos*. 2. Aufl. 1921.

F. M. Braun: Qui ex deo natus est, in: *Fs Goguel*. Neuchâtel – Paris 1950, S. 11–31.

Raymond E. Brown: Die Schriftrollen von Qumran und das Johannesevangelium und die Johannesbriefe (1955/57), in: Rengstorf (Hrsg.), *Johannes und sein Evangelium*, 1973, 486 ff.

Rudolf Bultmann: *Das Evangelium des Johannes*. Berlin 1963 (= Nachdruck der 10. Aufl. von 1941).

Friedrich Büchsel: *Der Geist Gottes im Neuen Testament*. Gütersloh 1926.

Friedrich Büchsel: *Johannes und der hellenistische Synkretismus*. Gütersloh 1928.

Friedrich Büchsel: *Das Evangelium nach Johannes*. Göttingen 1946.

F. C. Burney: *The Aramaic Origin of the Fourth Gospel*. Oxford 1922.

J. Colson: *L'Énigme du disciple, que Jésus aimait*. Paris 1969.

Oscar Cullmann: *Christus und die Zeit. Die urchristliche Zeit- und Geschichtsauffassung*. 2. Aufl., Zürich 1948.

Oscar Cullmann: *Die Christologie des Neuen Testaments*, 1957. 2. Aufl., Tübingen 1958.

Oscar Cullmann: *Vorträge und Aufsätze*, 1925–1962. Tübingen und Zürich 1966.

Oscar Cullmann: *Der johanneische Kreis*. Tübingen 1975.

Cusanus, siehe: Nikolaus von Kues.

Hermann Dieckmann: ‹Der Sohn des Menschen› im

Johannesevangelium. In: *Scholastik II*, 1927, S. 229–247.

Hermann Diels, ed. W. Kranz: *Die Fragmente der Vorsokratiker*, 3 Bände, Hildesheim: Bd. 1, 18. Aufl. 1989. Bd. 2, 17. Aufl. 1989. Bd. 3, 1987 (Nachdr. d. 6., verb. Aufl. 1952).

Dionysius Areopagita: *Die Hierarchien der Engel und der Kirche*. München-Planegg 1955.

Franz Joseph Dölger: *Antike und Christentum*, Band 4, Münster 1934.

C. H. Dodd: *The Johannine Epistles*. London 1946. 3. Aufl. 1953.

C. H. Dodd: *The Bible and the Greeks*. 2. Aufl. 1954.

C. H. Dodd: *The Interpretation of the Fourth Gospel*. Cambridge 1963. (1953, Rez. v. R. Bultmann, in: *New Testament Studies*, Cambridge 1955, S. 77–91).

C. H. Dodd: *Historical Tradition in the fourth Gospel*. Cambridge 1963.

John Donne's poems, ed. Hugh I'Anson Fausset. London 1960.

Meister Eckhart: *Die deutschen und lateinischen Werke*. Stuttgart 1936 ff. *Die lateinischen Werke*, ed. J. Koch u. a. *Die deutschen Werke*, ed. J. Quint. Band 1, Predigten, Stuttgart 1958.

Meister Eckhart: *Sermones*, ed. E. Benz, B. Decker, J. Koch. Stuttgart 1956.

Meister Eckehart: *Deutsche Predigten und Traktate*, hrsg. v. Joseph Quint. Zürich 1979.

Meister Eckhart: *Kommentar zum Buch der Weisheit*, ed. Karl Albert. St. Augustin 1988.

Meister Eckhart. *L'Oeuvre latine*, 6. Commentaire sur le Prologue de Jean, ed. A. de Libera, E. Weber, E. zum Brunn. Paris 1989.

Karl August Eckhardt: *Der Tod des Johannes als Schlüssel*

zum Verständnis der johanneischen Schriften. Berlin 1961.
Ormond Edwards: *Chronologie des Lebens Jesu und das Geheimnis der drei Jahre.* Stuttgart 1978.
Robert Eisler: Das Rätsel des Johannesevangeliums. In: *Eranos-Jahrbuch* 1935. London 1938.
Eriugena. Jean Scot: *Homélie sur le Prologue de Jean*, lat. – frz. hrsg. v. Édouard Jeauneau. Paris 1969.
Eusebius von Caesarea: *Kirchengeschichte*, ed. H. Kraft. Darmstadt, 3. Aufl., 1989.
Ruth Ewertowski: *Judas – Verräter und Märtyrer.* Stuttgart 2000.
André Feuillet: *Études johanniques.* Paris 1962.
Johann Gottlieb Fichte: *Die Anweisung zum seligen Leben*, 1806, ed. Diether Lauenstein. Stuttgart 1962.
Floyd V. Filson: Who was the beloved Disciple? In: *Journal of Biblical Literature LXVIII*, 1949, S. 83–88.
Floyd V. Filson: The Gospel of Life. In: *Festschrift O. A. Piper*. New York 1962, S. 111–123.
Joseph A. Fischer (Hrsg.): *Die apostolischen Väter.* 10. Aufl., Darmstadt 1993.
J. Fleming, L. Radermacher (Hrsg.): *Das Buch Henoch.* Leipzig 1901.
Michael Frensch: *Weisheit in Person.* Schaffhausen 2000.
Rudolf Frieling: *Christologische Aufsätze. Schriften III*, Stuttgart 1982.
Rudolf Frieling: *Studien zum Neuen Testament. Schriften IV*, Stuttgart 1986.
J. Galot: *Être né de Dieu, Jean 1,13.* Rom 1969.
Gespräch über Jesus, siehe P. Kuhn (Hrsg.)
Joachim Gnilka: *Das Matthäusevangelium*, 2 Bände, 1986 u. 1988. Freiburg 2001.
Goethe: *Hamburger Ausgabe.* München, 9. Aufl., 1981.

Die Gnosis, ed. W. Foerster. Bd. 1: Zeugnisse der Kirchenväter. 2. Aufl. 1979. Band 2: Koptische und Mandäische Quellen. Zürich 1971.

Gisbert Greshake und Jacob Kremer: *Resurrectio mortuorum*. Darmstadt 1986, 2. Aufl. 1992.

Ernst Haenchen: Historie und Geschichte in den johanneischen Passionsberichten. In: *Zur Bedeutung des Todes Jesu*, ed. H. Conzelmann et al. Gütersloh 1967, S. 55–78.

Ferdinand Hahn: *Christologische Hoheitstitel. Ihre Geschichte im frühen Christentum*. 4. Aufl., Göttingen 1974 (1963).

Georg Wilhelm Friedrich Hegel: *Der Geist des Christentums und sein Schicksal. Hegels Theologische Jugendschriften*, ed. H. Nohl. Tübingen 1907.

Johannes Hemleben: *Johannes der Evangelist*. Reinbek 1972.

Martin Hengel: *Der Sohn Gottes*. Tübingen 1977 (1969).

Martin Hengel: *Die Johanneische Frage. Ein Lösungsversuch mit einem Beitrag zur Apokalypse von Jörg Frey*. Tübingen 1993.

Martin Hengel: Zur historischen Rückfrage nach Jesus von Nazareth. In: *Gespräch über Jesus*, ed. Kuhn, 2010.

Heraklit von Ephesus: *Fragmente*, ed. Bruno Snell. 10. Aufl., Darmstadt 1989.

Johann Gottfried Herder: Erläuterungen zum Neuen Testament, 1775. In: *Herders sämmtliche Werke*, ed. B. Suphan, Bd. 7, Berlin 1884, S. 385 ff.

Anselm Hertz: *Fra Angelico*. Freiburg 1981.

Hilarius von Poitiers: *Zwölf Bücher über die Dreieinigkeit*, übers. u. hrsg. v. A. Antweiler. 2 Bände, München 1933–34.

Paul Hoffmann (Hrsg.): *Zur neutestamentlichen Überlieferung von der Auferstehung Jesu*. Darmstadt 1988.

Edwyn C. Hoskyns: *The fourth Gospel* (1940). 2. Aufl. 1947, Nachdruck 1963.

René Hughes: *Delacroix*. München 1967.

Irenäus von Lyon: *Fünf Bücher gegen die Häresien*, 2 Bände, übers v. H. Hayd. BKV, Kempten 1872 und 1873.

Irenäus von Lyon: *Adversus Haereses*, 5 Bände (= Fontes Christiani, 8). Freiburg i. Br. 1993–2001.

Jacobus de Voragine: *Legenda aurea*, übers. v. R. Benz. Jena 1925.

Joachim Jeremias: *Jerusalem zur Zeit Jesu*. Göttingen, 3. Aufl. 1962.

Joachim Jeremias: *Neutestamentliche Theologie, I, Die Verkündigung Jesu*. Gütersloh 1971.

Hans Jonas: *Gnosis und spätantiker Geist*. Göttingen, I, 1934. II, 1954.

Flavius Josephus: *Jüdische Altertümer*, übers. v. H. Clementz, 2 Bände. Berlin-Wien 1923.

Justinus: *Dialog mit dem Juden Tryphon*, übers. v. Ph. Haeuser. BKV 33, Kempten 1917.

Ernst Käsemann: *Exegetische Versuche und Besinnungen*, 2 Bände in 1. Göttingen, 4. Aufl. 1965. Darin u. a.: Ketzer und Zeuge, 1951.

Ernst Käsemann: *Jesu letzter Wille nach Johannes 17*. Tübingen, 2. Aufl. 1967.

Emil Kautzsch: *Die Apokryphen und Pseudepigraphen des Alten Testaments*. 2 Bände. Reprint, Hildesheim 1992.

Gerhard Kienle: *Die ungeschriebene Philosophie Jesu*. Stuttgart 1983.

G. D. Kilpatrick: The religious Background of the fourth Gospel. In: *Studies in the fourth Gospel*, ed. F. L. Cross. London 1957, S. 36–44.

Helmuth Kittel: *Die Herrlichkeit Gottes*. Gießen 1934.

Gérard Klockenbring: *Das Johannesevangelium*. Stuttgart 1995.

Friedrich Gottlieb Klopstock: Der Messias (1773/1780). In:

Ausgewählte Werke, hrsg. v. K. A. Schleiden. München 1962.

Wolf-Ulrich Klünker: *Johannes Scotus Eriugena*. Stuttgart 1988.

Wolf-Ulrich Klünker: *Wer ist Johannes?* Stuttgart 2006.

Karl König: *Die beiden Jünger Johannes*. Stuttgart 1963.

T. Korteweg: «You will seek me and you will not find me», in: J. Lambrecht (Hrsg.): *L'Apocalypse johannique et l'Apocalyptique dans le Nouveau Testament*. Leuven 1980, 349–354.

Georg Kretschmar: *Studien zur frühchristlichen Trinitätstheologie*. Tübingen 1956.

Johannes Kreyenbühl: *Das Evangelium der Wahrheit*. Leipzig 1900.

Manfred Krüger: *Ichgeburt*. Hildesheim 1996.

Manfred Krüger: *Das Ich und seine Masken*. Bodenkirchen 1997.

Manfred Krüger: *Die Verklärung auf dem Berge*. Hildesheim 2003.

Manfred Krüger: *Novalis – Wege zu höherem Bewusstsein*. Stuttgart 2008.

Manfred Krüger: *Der Güter Gefährlichstes – Die Sprache*. Stuttgart 2009.

Manfred Krüger: *Albrecht Dürer – Mystik, Selbsterkenntnis, Christussuche*. Stuttgart 2009.

Werner Georg Kümmel: *Einleitung in das Neue Testament*. 21., erg. Aufl., Heidelberg 1983.

Peter Kuhn (Hrsg.): *Gespräch über Jesus. Papst Benedikt XVI. im Dialog mit Martin Hengel und Peter Stuhlmacher*. Tübingen 2010.

Diether Lauenstein: *Der Messias*. Stuttgart 1971.

Diether Lauenstein, siehe Fichte.

Jules Lebreton: *Les Origines du dogme de la Trinité*. Paris 1910.

Hans Leisegang: *Die Gnosis*. 5. Aufl., Stuttgart 1985.
Xavier Léon-Dufour: *Études d'Évangile*. Paris 1965.
Gerhard Lohfink: *Der letzte Tag Jesu*. Stuttgart 2005.
Ernst Lohmeyer: Über Aufbau und Gliederung des vierten Evangeliums. In: *ZNW* 27, 1928, S. 11–36.
Eduard Lohse: *Die Texte von Qumran*. München 1971.
Alfred Loisy: *Le quatrième Évangile*. Paris 1903, 2. Aufl. 1921.
Ernst Luthardt: *Das Evangelium nach Johannes*. Nördlingen 1886.
Luthers Evangelienauslegung, Bände 4 u. 5. Das Johannesevangelium, ed. E. Ellwein. Göttingen 2. Aufl. 1961.
Thomas Walter Manson: Das vierte Evangelium (1946/47), in: Rengstorf (Hrsg.), *Johannes und sein Evangelium*, 1973, 465–485.
J. L. Martyn: *History and Theology in the fourth Gospel*. 1968.
Peter F. Matthiessen: Prinzipien der Heilung im Neuen Testament. In: *Hilft der Glaube? Heilung auf dem Schnittpunkt zwischen Theologie und Medizin*. 2002, S. 146–172.
Meister Eckehart, siehe Eckehart.
J.-É. Ménard: L'Interprétation patristique de Jo 7, 38. In: *Revue de l'Université d'Ottawa*, 25, 1955.
Rudolf Meyer: *Die Wiedergewinnung des Johannesevangeliums*. Stuttgart 1962.
Octave Merlier: *Le quatrième Évangile*. Paris 1961.
Franz Mussner: *ZOE. Die Anschauung vom «Leben» im vierten Evangelium*. München 1952.
Franz Mussner: *Die Auferstehung Jesu*. München 1969.
Gérard de Nerval : *Die Tempellegende*, deutsch von Manfred Krüger. 2., verb. Aufl., Stuttgart 1982.
Nikolaus von Kues: *Predigten in deutscher Übersetzung*, III, Sermones CXXII–CCIII, hrsg. v. W. A. Euler, K. Reinhardt u. H. Schwaetzer. Münster 2007.

Reinhard Nordsieck: *Johannes. Zur Frage nach Verfasser und Entstehung des vierten Evangeliums.* Neukirchen 1998.
Reinhard Nordsieck: *Das Thomasevangelium.* 3. Aufl., Neukirchen-Vluyn 2006.
Novalis: *Fragmente.* Ed. Ernst Kamnitzer. Dresden 1929.
Hermann Olshausen: *Biblischer Commentar über sämmtliche Schriften des NT,* Band 2. Königsberg 1834.
Origenes: *Johanneskommentar,* ed. E. Preuschen. Leipzig 1903.
Origenes: *Johanneskommentar,* 5 Bände, ed. Cécile Blanc. Paris 1966 ff. (SC = Sources chrétiennes)
Origenes: *Vier Bücher von den Prinzipien,* ed. H. Görgemanns u. H. Karpp. Darmstadt, 2. Aufl. 1985.
Origenes: *Gegen Celsus.* Ed. Paul Koetschau. München 1926-1927.
Papias: *Fragmente, Hirt des Hermas,* ed. U. H. J. Körtner u. M. Leutzsch. Darmstadt 1998. (= Schriften des Urchristentums, III).
Blaise Pascal: *Über die Religion (Pensées),* ed. E. Wasmuth. 7. Aufl., Heidelberg 1972.
Rudolf Pesch und Herbert A. Zwergel: *Kontinuität in Jesus. Zugänge zu Leben, Tod und Auferstehung.* Freiburg 1974.
Rudolf Pesch: *Das Markusevangelium.* 2 Teile, Sonderausgabe 2001. (=Herders theologischer Kommentar zum NT, Band II).
Pierson Parker: John the Son of Zebedee and the fourth Gospel. In: *Journal of Biblical Literature,* LXXXI, 1962, S. 35-43.
Philo Alexandrinus: *Die Werke in deutscher Übersetzung,* ed. L. Cohn u. I. Heinemann, 7 Bände. Berlin 1962-1964.
Kevin Quast: *Peter and the Beloved Disciple.* Sheffield 1989.
H. Rahner: Flumina de ventre Christi. In: *Biblica,* 22, 1941, 269-302, 367-403.

Joseph Ratzinger: *Einführung in das Christentum*. München 1990 (1968).

Joseph Ratzinger (Benedikt XVI.): *Jesus von Nazareth*. Freiburg i. Br. 2007.

Christoph Rau: *Struktur und Rhythmus im Johannesevangelium*. Stuttgart 1972.

Karl Heinrich Rengstorf (Hrsg.): *Johannes und sein Evangelium*. Darmstadt 1973.

Paul Rießler: *Altjüdisches Schrifttum außerhalb der Bibel*. Augsburg 1928.

Friedrich Rittelmeyer: *Meditation*. Stuttgart 1929.

Friedrich Rittelmeyer: *Briefe über das Johannesevangelium*. Stuttgart 1938.

André Robert u. André Feuillet (Hrsg.): *Einleitung in die Heilige Schrift*. Bd 1, AT, 1963; Bd. 2, NT, Wien 1964.

Günter Röschert, Gnade und Rechtfertigung. In: *Jahrbuch für anthroposophische Kritik* 2004, S. 140–151.

Kurt Rudolph (Hrsg.): *Gnosis und Gnostizismus*. Darmstadt 1975.

Martina Maria Sam (Hrsg.): *Mysteriengeheimnisse*. Vorträge, Dornach 2004.

J. N. Sanders: *The fourth Gospel in the early Church*. 1943.

J. N. Sanders: Those whom Jesus loved. In: *New Testament Studies*, 1954/55, S. 29–41.

J. N. Sanders: Who was the Disciple whom Jesus loved? In: *Studies in the fourth Gospel*. London 1957, S. 72–82.

Leo Scheffczyk: *Der Mensch als Bild Gottes*. Darmstadt 1969.

Friedrich Wilhelm Joseph Schelling: *Philosophie der Offenbarung*, 2 Bände. Darmstadt 1959.

Friedrich Wilhelm Joseph Schelling: *System der Weltalter* (1827/28), ed. S. Peetz. Frankfurt a. M. 1990.

Adolf Schlatter: *Erläuterungen zum Neuen Testament*, Band 3 (u. a. Johannesbriefe). Stuttgart 1923.

Adolf Schlatter: *Der Evangelist Johannes*. Stuttgart, 2. Aufl., 1948.

Adolf Schlatter: *Die Theologie der Apostel*. 2. Aufl., Stuttgart 1922.

Rudolf Schnackenburg: *Die Johannesbriefe. Herders theologischer Kommentar zum NT*, XIII, 3. Freiburg i. Br., 3. Aufl. 1965.

Rudolf Schnackenburg: *Aufsätze und Studien zum Neuen Testament*. Leipzig 1973.

Rudolf Schnackenburg: *Das Johannesevangelium. Herders Theologischer Kommentar zum NT*, IV. 4 Bände, Freiburg i. Br. 2001.

Wilhelm Schneemelcher: *Neutestamentliche Apokryphen*, Band I: Evangelien; Band II: Apostolisches u.a., 6. Aufl., Tübingen, Band 1, 1990; Band 2, 1997.

Günther Schubert: *Das Johannesevangelium*. Dornach 1928.

A. Schulz: *Nachfolgen und Nachahmen*. München 1962.

Heinz Schürmann: *Das Lukasevangelium*, 2 Bände, 1984 u. 1994. Freiburg 2001.

Joachim Schultz: Der 33-jährige Sozialrhythmus und die Frage der 33-jährigen Dauer des Christuslebens. In: E. Funk / J. Schultz: *Zeitgeheimnisse im Christusleben*. Dornach 1970, S. 67–69.

Eduard Schwartz: *Der Tod der Söhne Zebedaei*, 1904, in: Rengstorf, 1973.

Eduard Schweizer: *Ego eimi*. Göttingen 1965.

Richard Seeberg: *Das Evangelium des Johannes*. Leipzig 1921.

Peter Selg: *Es war einer krank. Die Heilungen in den Evangelien*. Stuttgart 2003.

Morton Smith: *Auf der Suche nach dem historischen Jesus*. Frankfurt 1971.

Wladimir Solowjew: *Schriften zur Philosophie, Theologie und Politik*, ed. L. Müller. München 1991.

Friedrich Spitta: *Das Johannesevangelium als Quelle der Geschichte Jesu*. Göttingen 1910.

Rudolf Steiner: *Das Christentum als mystische Tatsache und die Mysterien des Altertums,* 1910 (1902), GA 8. Dornach 1959.

Rudolf Steiner: *Das Johannesevangelium*. Vorträge, Hamburg 1908, GA 103. Dornach 1955.

Rudolf Steiner: *Das Johannesevangelium im Verhältnis zu den drei anderen Evangelien*. Vorträge, Kassel 1909, GA 112. Dornach 1959.

Rudolf Steiner: *Von Jesus zu Christus*. Vorträge, Karlsruhe 1911, GA 131. Dornach 1958.

Rudolf Steiner: *Et incarnatus est*. Vortrag, Basel, 23. Dez. 1917. Dornach 1956.

Jean Steinmann: *Johannes der Täufer*. Rowohlt-Monographie, 1960.

Georg Strecker: *Die Johannesbriefe*. Göttingen 1989.

Peter Stuhlmacher: *Biblische Theologie des Neuen Testaments*. Göttingen, Band 1, 1992; Band 2, 1999.

Peter Stuhlmacher: *Was geschah auf Golgatha?* Stuttgart 1998.

Peter Stuhlmacher: Jesu Opfergang. In: *Gespräch über Jesus*, 2010.

Thomas von Aquin: *Summa theologica*. Die deutsche Thomas-Ausgabe. Salzburg 1933 ff.

Thomas von Aquin: *Der Prolog des Johannesevangeliums*, lateinisch – deutsch, hrsg. v. Wolf-Ulrich Klünker. Stuttgart 1986.

Thomas von Aquin: *Summe gegen die Heiden*, 4 Bände, ed. K. Albert, P. Engelhardt, L. Dümpelmann, K. Allgaier, M. H. Wörner. Darmstadt 1974–1996.

Thomas von Aquin: *Compendium Theologiae*, ed. R. Tannhof. Heidelberg 1963.

G. Verbeke: *L'Évolution de la doctrine du Pneuma*. Paris-Louvain 1945.

Philipp Vielhauer: *Geschichte der urchristlichen Literatur*. Berlin 1978.

Andrew Welburn: *Am Ursprung des Christentums*. Stuttgart 1992.

H. H. Wendt: Der «Anfang» am Beginne des 1. Johannesbriefes. In: *ZNW,* 21, 1922, S. 38–42.

Friedrich Westberg: *Die biblische Chronologie nach Flavius Josephus und das Todesjahr Jesu*. Leipzig 1910.

Elsbeth Weymann: *Zepter und Stern*. Stuttgart 1993.

Ulrich Wilckens: *Theologie des Neuen Testaments, I*. Neukirchen-Vluyn 2005.

Kurt von Wistinghausen: *Der verborgene Evangelist*. Stuttgart 1983.

Berthold Wulf: *Christologie des Bewusstseins*. Zürich 1990.

Theodor Zahn: *Das Evangelium des Johannes*. 6. Aufl., Leipzig 1921.

Abkürzungen

Apk = Apokalypse
AT = Altes Testament
BKV = Bibliothek der Kirchenväter
c. = Kapitel
Dn = Daniel
Dtn = Deuteronomium
ed. = herausgegeben von
Enn = Enneade
Eph = Epheser
EvTh = Thomasevangelium
Ex = Exodus
Ez = Ezechiel (Hesekiel)
Fs = Festschrift
GA = Gesamtausgabe
Gal = Galater
Gen = Genesis
Hebr = Hebräer
Hrsg. = Herausgeber
Jak = Jakobus (Herrenbruder)
JB = Jerusalemer Bibel
Jer = Jeremia
Jes = Jesaja
Jo = Johannes
Kön = Könige
Kol = Kolosser
Kor = Korinther
LCI = Lexikon der christlichen Ikonographie
Lev = Levitikus
Lk = Lukas

Abkürzungen

Mk = Markus
Mt = Matthäus
NT = Neues Testament
Num = Numeri
Offb = Offenbarung
o. J. = ohne Jahreszahl
Ps = Psalm
qu. = quaestio (Frage, Untersuchung)
Sach = Sacharja
Sap = Sapientia Salomonis
Sir = Jesus Sirach (Ecclesiasticus)
Spr = Sprichwörter
S th = Summa theologiae
Thess = Thessalonicher
Tim = Timotheus
Vul = Vulgata
Weish = Weisheit